WORDPRESS BLOK THEMA

Alles wat je moet weten om een blok thema te maken

2026, Roy Sahupala

Belangrijke opmerking

De methodes en programma's in deze handleiding zijn zonder inachtneming van enige patenten vermeld. Ze dienen alleen maar voor amateur- en studiedoeleinden. Alle technische gegevens en programma's in dit boek zijn door de auteur met de grootste zorgvuldigheid samengesteld en na een grondige controle gereproduceerd. Toch zijn fouten niet volledig uit te sluiten. De uitgever ziet zich daarom gedwongen erop te wijzen dat ze noch enige garantie, noch enige juridische verantwoordelijkheid of welke vorm van aansprakelijkheid op zich kan nemen voor gevolgen die voortvloeien uit foutieve informatie. Het melden van eventuele fouten wordt door de auteur altijd op prijs gesteld.

We willen je erop wijzen dat de soft- en hardware benamingen die in dit boek worden vermeld, evenals de merknamen van de betrokken firma's meestal door fabrieksmerken, handelsmerken of door het patentrecht zijn beschermd.

Auteur: R.E. Sahupala
ISBN/EAN: 979-8-34-520772-7
Eerste druk: 01-12-2022
Editie: 01-26 KDP
NUR-code: 994
Uitgever: WJAC
Jaar: 2026
Website: www.wp-books.com/block-theme

Met speciale dank aan:
Mijn lieve vrouw Iris van Hattum en onze zoon Ebbo Sahupala.

INHOUDSOPGAVE

INTRODUCTIE

Vanaf WordPress 5.0 wordt gebruik gemaakt van een **blok-editor** met de naam **Gutenberg**. Hiermee is het mogelijk om **pagina's** en **berichten** eenvoudig te voorzien van opmaak en stijl.

Vanaf 2022 zijn er twee soorten thema's: **klassieke en blok thema's**. Vanaf versie 5.9 maakt WordPress voor het eerst gebruik van een blok thema met de naam **Twenty Twenty-Two**.

Het aanpassen van **klassieke thema's** gebeurt met de **Dashboard Customizer**. Als je kennis hebt van HTML, CSS en PHP, kun je ook wijzigingen aanbrengen onder de motorkap.

Het aanpassen van een **blok thema** gaat met behulp van een **site-editor**. Hiermee kan een gebruiker de layout en stijl van een thema visueel aanpassen, zonder dat kennis van HTML, CSS en PHP nodig is.

Nadat een **blok thema** is geactiveerd, is de **site-editor** te vinden in het **Dashboard**. Het aanpassen gebeurt met dezelfde interface voor **pagina's** en **berichten**. Een gebruiker kan hiermee thema blokken zoals een Titel, Logo, Navigatie-menu en Widgets bewerken, verplaatsen, toevoegen of verwijderen, evenals stijlen aanpassen zoals kleur, afmeting en lettertype.

Het is ook mogelijk om met de editor **patronen**, **custom templates** en **template onderdelen** te maken, en de **opmaakstructuur** van een homepage, bericht of pagina te wijzigen.

WordPress noemt dit **Full Site Editing**.

2

Met behulp van **Full Site Editing** is een beheerder niet langer afhankelijk van een developer of designer om wijzigingen in een thema aan te brengen. Het is zelfs mogelijk om met de editor een **blok thema** te maken.

Vanaf 2023, versie 6.0, is de **Editor** officieel vrijgegeven, maar na het verzamelen van feedback kunnen er nog wijzigingen plaatsvinden.

Als je klaar wilt zijn voor de toekomst, is dit boek een mooie start om kennis te maken met **Full Site Editing** en **blok thema's**.

KLASSIEK EN BLOK THEMA

Met een **klassiek thema** kun je als thema maker zelf bepalen wat een gebruiker met behulp van de **Customizer** mag aanpassen. Hiermee blijft een gebruiker binnen de grenzen van een huisstijl.

Als je een website maakt voor een organisatie met een vaste huisstijl en layout, en als een gebruiker alleen content mag leveren, dan kun je hiervoor een klassiek thema gebruiken. Het bestaat voornamelijk uit PHP- en CSS-bestanden.

Met een **blok thema** geef je een gebruiker de mogelijkheid om binnen een huisstijl de opmaakstructuur te wijzigen. Dit kan door **thema blokken**, zoals een Menu-, Titel- en Content-blok, te herpositioneren.

Als je een thema maakt voor een groot publiek, is een blok thema de juiste keuze.

Zoals je ziet bevat een blok thema minder bestanden dan een klassiek thema.

Hiernaast vind je een overzicht van de twee soorten thema's.

Klassiek thema

▶ Bestandsstructuur bestaat uit voornamelijk PHP bestanden.

▶ Layout is vooraf bepaald.

▶ Een select aantal onderdelen kan worden aangepast.

▶ Aanpassen gaat met **Dashboard > Weergave > Customizer.**

▶ Bevat meer code en bestanden dan een blok thema.

▶ Is gemaakt om de huisstijl te bewaken.

▶ HTML, CSS en PHP kennis is nodig om een thema te maken.

▶ Er zijn meer dan tienduizend thema's beschikbaar.

Blok thema

▶ Bestandsstructuur bestaat uit HTML en een JSON bestand.

▶ Layout is vooraf bepaald.

▶ Aanpassen gaat met **Dashboard > Weergave > Editor.**

▶ De layout kan visueel worden aangepast.

▶ Elk thema-blok kan worden aangepast.

▶ Dashboard onderdelen zoals *Customizer*, *Menu's* en *Widgets* zijn vervangen door de site-editor.

▶ De Gutenberg gebruikersinterface is opgenomen in de site-editor.

▶ Er is geen code nodig om een thema aan te passen.

▶ Een gebruiker kan extra thema bestanden aanmaken, zoals o.a. een sjabloon, template of part.

▶ Bevat minder code en bestanden dan een klassiek thema.

▶ Is gemaakt om de huisstijl en layout aan te passen.

▶ Je hebt geen HTML en CSS kennis nodig om een thema te maken.

▶ Meer dan honderdvijftig blok thema's beschikbaar.

WAAROM EEN BLOK THEMA

De Gutenberg blok-editor is inmiddels in het hele WordPress-systeem te vinden, waardoor een uniforme interface ontstaat. Sinds versie 5.9 kunnen gebruikers ook een blok thema aanpassen met behulp van dezelfde editor als voor een pagina of bericht. Klassieke thema's zijn hiervoor niet geschikt, daarom heeft WordPress gekozen voor een nieuw thema formaat.

Vanwege het grote aantal bestaande klassieke thema's zal het nog enige tijd duren voordat deze niet meer worden ondersteund.

Welke soorten thema's zijn beschikbaar?

Thema makers zijn momenteel druk bezig met het ontwikkelen van blok thema's. Het is ook mogelijk om combinaties van beide soorten te maken. Hieronder volgt een overzicht van de beschikbare soorten:

Klassieke thema's: Thema's bestaande uit PHP template bestanden en functions.php.

Hybride thema's: Klassieke thema's die Full Site Editing ondersteunen, zoals blok instellingen, patronen en templates.

Universele thema's: Blok thema's met klassieke onderdelen die beheerd worden via de Dashboard Customizer, zoals menu's en widgets.

Blok thema's: Thema's gemaakt voor Full Site Editing.

DOEL VAN DIT BOEK

Dit boek geeft uitleg over hoe een blok thema werkt, hoe je het kunt aanpassen en hoe je er zelf een kunt maken. Het boek bevat alleen de meest essentiële uitleg. Na het opdoen van voldoende ervaring krijg je meer inzicht en vertrouwen om zelfstandig blok thema's uit te breiden en te maken.

Dit boek is geschreven voor iedereen die snel en praktisch wil werken met blok thema's, zonder dat HTML, CSS en PHP-kennis vereist is. Daarnaast geeft de beschreven methode inzicht in hoe een blok thema wordt gemaakt.

Alle themabestanden die in dit boek worden gebruikt, zijn beschikbaar op **wp-books.com/block-theme**.
Het wachtwoord is te vinden op op pagina 70.

Kijk regelmatig naar de site voor extra informatie.

Alle oefeningen in dit boek zijn praktisch. Ik laat alleen het meest essentiële zien, het bevat geen overbodige beschrijving en is direct toe te passen.

Uitleg voor Mac- en Windows-gebruikers.

Tip: neem de tijd! Lees een hoofdstuk zorgvuldig door voordat je plaats neemt achter de computer.

VOOR WIE IS DIT BOEK?

Met behulp van dit boek is het mogelijk om zelfstandig een blok thema te maken. Codekennis is niet vereist, maar het is wel handig als je beschikt over basiskennis van HTML en CSS.

Dit boek is voor:

▸ WordPress gebruikers met een basiskennis WordPress.
▸ WordPress gebruikers die niet afhankelijk willen zijn van ontwikkelaars.
▸ WordPress gebruikers die een eigen blok thema wil maken of uitbreiden.

Wat heb je nodig om een blok thema te maken?

De laatste versie van WordPress. Een tekstverwerker voor het bewerken van code, zoals Teksteditor (Apple) of NotePad (Windows).

Als je regelmatig met code werkt, kun je ook gebruikmaken van een **code-editor**. Er zijn verschillende open source code editors beschikbaar zoals **Atom**. Ga naar https://atom.io voor meer informatie.

Wil je een andere code-editor gebruiken? Zoek dan op Google naar "free open-source code editors".

Om verbinding te maken met je website, heb je een **internetbrowser** nodig. Het is aan te raden om meer dan één browser te installeren. Als een bepaalde WordPress-functie niet werkt in je favoriete browser, kun je snel overschakelen naar een andere browser. Alle oefeningen in dit boek zijn getest met de laatste versies van Firefox, Safari, Chrome en Edge.

Met het programma **LOCAL** kun je WordPress installeren op je eigen computer. Na de installatie heb je direct toegang tot al je thema bestanden. De site folder is te vinden in de gebruikersmap van Windows of MacOS. Ga naar: **gebruikersmap > Local sites > Naam site > app > public**.

In het boek **WordPress - Basis** vind je meer informatie over het programma LOCAL. Of ga naar **localwp.com**.

Als je het programma **MAMP** gebruikt, vind je de bestanden in de folder **Apps > MAMP > htdocs > Naam site**. Meer informatie: **mamp.com**.

Als je WordPress hebt geïnstalleerd met behulp van een webhost, kun je met een **FTP**-programma toegang krijgen tot je thema bestanden.

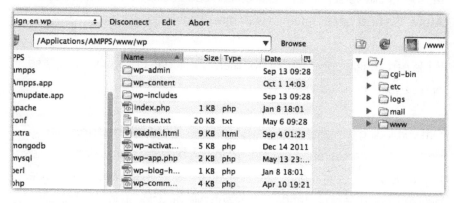

Er zijn verschillende gratis FTP-programma's beschikbaar, zoals **FileZilla** of **Cyberduck**.

Een blok thema kun je plaatsen in de folder **themes** van je WordPress site. Zie: **wp-content > themes**.

Als je meer wilt weten over WordPress, verwijs ik je graag naar mijn andere boeken:

WordPress - Basis.

WordPress - Gevorderd.

WordPress - WooCommerce.

WordPress - Klassieke Thema.

WordPress - Gutenberg.

ATOMIC DESIGN

WordPress heeft gekozen voor een design methode waarmee je een website kunt opbouwen vanuit het kleinste element. Dit in tegenstelling tot andere methoden die vaak een *top down* benadering hebben. Deze methode wordt **Atomic Design** genoemd. Met de Gutenberg blok-editor is het de bedoeling dat deze filosofie niet alleen wordt toegepast op pagina's of berichten, maar in het hele WordPress-systeem.

Dit betekent dat de gebruikers-interface van de blok-editor nu ook wordt toegepast op plugins, widgets en zelfs thema's.

Design methode

Atomic design gaat uit van het kleinste element als bouwsteen. Het is een modulair systeem. Met bouwstenen maak je site onderdelen. Door deze te combineren maak je templates die je kunt opnemen in pagina's.

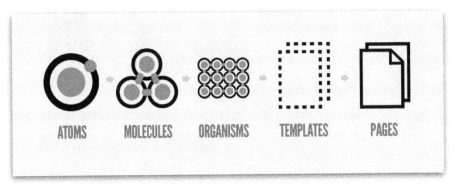

Een *bottom up* benadering van eenvoudig naar complex. Componenten die zijn samengesteld kunnen snel worden afgebroken en opgebouwd. Het lijkt veel op Lego... We gaan kijken naar de vijf design componenten.

Atoms

Atoms zijn basiscomponenten, zoals, titels, paragrafen, knoppen, quotes, kolommen en tabellen.

Molecules

Groepen van atoms worden molecules genoemd. Hierbij kun je denken aan elementen zoals een omslagafbeelding, media & tekst, call to action en een galerij.

Organisms

Constructies bestaande uit atoms en molecules worden organisms genoemd. Deze zijn gemaakt voor een specifiek doel binnen een pagina. Hierbij kun je denken aan een header, section, divider en footer.

Templates

Templates zijn organisms die de gehele breedte van een pagina innemen. Dit wordt ook sjabloon genoemd.

Pages

Het geheel van alle componenten vormt een pagina. Het bevat onderdelen zoals een header, navigatie-menu, sections, templates, zijbalken en footer. Een pagina kan snel en eenvoudig worden afgebroken en opnieuw worden samengesteld voor andere doeleinden.

Atomic design in WordPress

Het kleinste basis element in WordPress is een **blok**. Met een blok kun je pagina onderdelen maken, oftewel **patronen**. Met diverse patronen maak je een gehele pagina op, ook wel **template** genoemd. Het geheel wordt in een **thema**, layout geplaatst. Samen vormen ze een responsive geheel dat zich automatisch aanpast op elk schermgrootte.

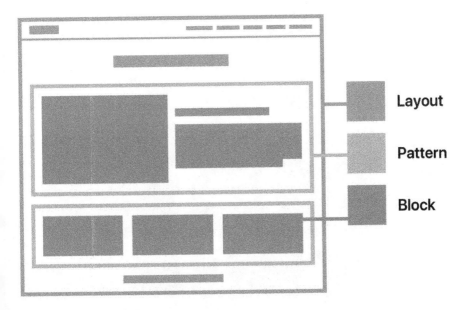

Blokken: individuele elementen.

Patronen: bestaan uit layout-onderdelen.

Template: gehele pagina opmaak.

Layout: WordPress thema.

Uitgaande van dit design principe kan de layout van een thema worden opgebouwd. Vanaf versie 5.9 is WordPress voorzien van een **site-editor** waarmee dit mogelijk is.

HOE WERKT EEN BLOK THEMA

Voordat we een blok thema gaan maken, is het handig om eerst te zien hoe het werkt en wat er allemaal mogelijk is. Vanaf versie 5.9 gebruikt WordPress het eerste blok thema, genaamd **Twenty Twenty-Two**.

Installeer WordPress en ga naar **Dashboard > Weergave**.
! Installeer en **Activeer** het thema **Twenty Twenty-Two**.

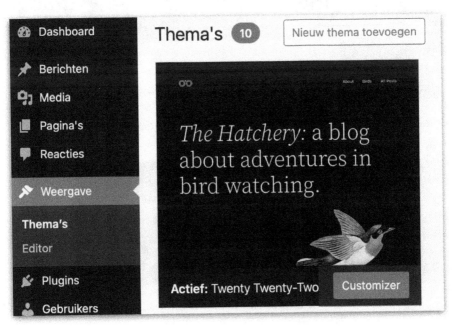

Met dit thema wil WordPress laten zien hoe eenvoudig het is om een blok thema aan te passen. Wanneer een blok thema is geactiveerd, zijn de Dashboard menu-items **Customizer**, **Widgets** en **Menus** vervangen door **Editor**. Als een klassiek thema wordt geactiveerd, zijn de bovenstaande menu-items weer terug te vinden in het Dashboard.

Klik op **Weergave > Editor**. De Site Editor verschijnt. In de linkerkolom zie je een aantal opties: **Navigatie**, **Stijlen**, **Pagina's**, **Templates** en **Patronen**, rechts zie je de homepagina met de laatste berichten.

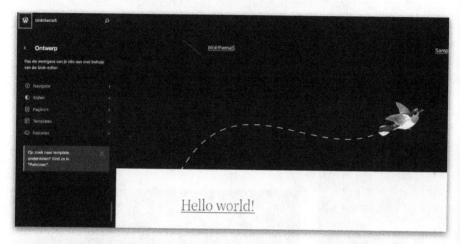

Selecteer het blok **Titel**. Een **optiebalk** verschijnt boven het blok.

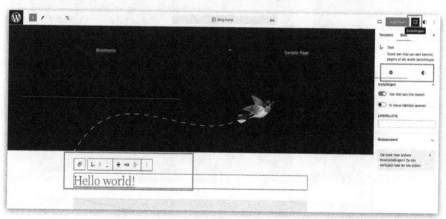

Met het icoon **Instellingen** (rechtsboven) krijg je in een rechterkolom extra **blok-opties** te zien. Met behulp van **Blok-Instellingen** (tandwiel icoon) en **Stijlen** (halve maan icoon) kun je het blok verder aanpassen.

Met het **WordPress** icoon (linksboven) ga je terug naar de Site Editor.

Ga naar **Weergave > Editor - Templates**.

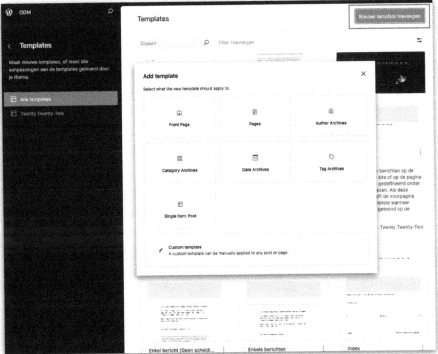

Templates bestaan uit **Template onderdelen** (parts) en **blokken**. Samen vormen ze een pagina. Een Template onderdeel is b.v. een **Header**, **Sidebar** of **Footer**. Een Template beschikt over diverse onderdelen.

De naam van een **Template** geeft aan waarvoor het is gemaakt.
De template **Enkel bericht** wordt vertoond nadat een bezoeker vanuit de homepage op een **bericht** heeft geklikt. Hiermee is het gehele bericht te zien. Het aantal templates verschilt per thema.

Met de **+** knop (Template toevoegen) is het mogelijk om nieuwe templates aan te maken.

Selecteer de template **Enkel berichten** en klik op een **blok** om het te bewerken.

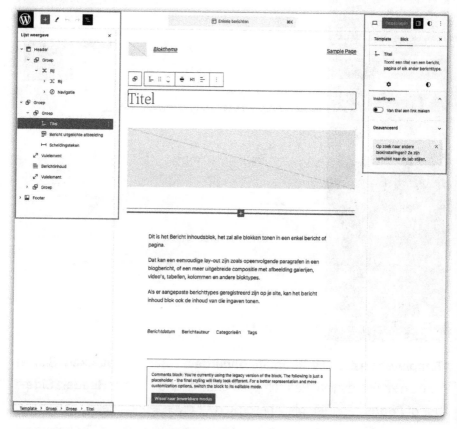

De structuur van een template bestaat uit **Template onderdelen** en **Thema blokken**. Door een template onderdeel of blok te selecteren, kun je zien wat het is. Maak hierbij gebruik van **Lijstweergave** of het **kruimel-pad**. Met behulp van **blokopties** en -instellingen (rechterkolom) kun je blok eigenschappen aanpassen.

Met behulp van de **blok-inserter**, ➕ icoon (linksboven) kun je template onderdelen en thema blokken toevoegen.

Ga naar **Weergave > Editor > Patronen**. Naast thema **Patronen** (layouts) vindt je ook een lijst van **TEMPLATE ONDERDELEN**.

Klik op een **Template onderdeel** om te bewerken. De naam geeft aan wat voor onderdeel dit is.

Met de knop **Nieuw patroon toevoegen > Nieuw template onderdeel** is het mogelijk om meerdere onderdelen (Parts) aan te maken.

Het voordeel van **Template onderdelen** is dat je beter kunt focussen op de layout van een onderdeel. Je wordt hiermee niet geconfronteerd met de gehele opmaak van een webpagina.

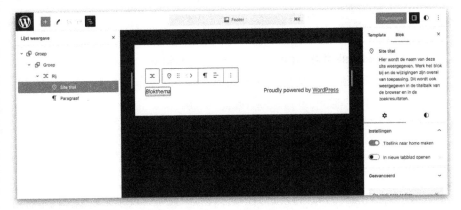

Homepage, Template en Template Parts bewerken

Met behulp van de Gutenberg Site Editor kun je Blokken en Patronen toevoegen of bewerken. Wijzigingen worden na het opslaan direct toegepast. Nadat een Template of Template Part is aangepast dan kun je dit met **Acties** (3 puntjes) herstellen.

Als voorbeeld ga je een template bewerken.

Ga naar **Editor > Templates**. Klik op de template **Enkel Bericht**.

Het doel is om de Header en Footer te vervangen door een Patroon. Daarna ga je de Meta informatie: Datum, Auteur en Categorie blokken direct onder de Titel plaatsen.

Header en Footer aanpassen:

1. Gebruik **Lijstweergave** en selecteer de **Groep** in de **Header**.
2. Klik op het **+** **icoon** en selecteer **Patronen**.
3. Selecteer de categorie **Headers**.
4. Kies **Alleen tekst header met slogan en achtergrond**.
5. Selecteer de oude Groep en **verwijder** dit.
6. Tekst- en Linkkleur aanpassen naar de kleur wit.

Doe hetzelfde voor de footer, gebruik **Donkere footer met titel en...** Daarna de meta informatie onder de titel plaatsen.

Selecteer en **sleep** de **rij** met meta informatie direct onder de **titel**.
De **Lijstweergave** tool kan je hierbij helpen. Daarna de breedte aanpassen naar **Wijde breedte**.

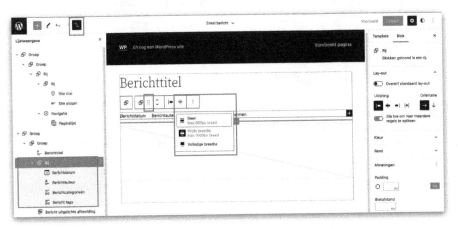

Klik op **Opslaan** en bekijk een enkel bericht en pagina. Voor homepage aanpassingen gebruik de template **index**.

Wil je meer weten over **layouts** maken en **Full Site Editing** lees dan het boek **WordPress Gutenberg**.

Navigatie menu

Publiceer eerst **drie pagina's**. Ga daarna naar de Site **Editor** en selecteer het blok **Navigatie**. Vanuit **Blok instellingen** (rechterkolom) - **Menu**, klik op de drie puntjes en selecteer **Nieuw menu maken**.

Met het [+] icoon > **Pagina link** kun je de pagina's toevoegen.

Daarna het blok **Link naar beginpagina** toevoegen. De volgorde kan worden gewijzigd door een menu-item te slepen.

Selecteer een menu-item om een **Submenu link** toe te voegen (3 puntjes).

Daarna template **Opslaan**.

Template toevoegen

Mis je een template, bijvoorbeeld de template *Volledige Breedte, Met Zijbalk* of *Homepage*, dan kun je dit maken met de site-editor. Hiervoor is geen plugin of code taal nodig. Nadat een **Aangepaste template** is gemaakt mag je zelf bepalen hoe dit is opgebouwd.

Vanuit een **Pagina** of **Bericht** kun je aangeven of je hiervan gebruik wil maken.

Een nieuwe template

Ga naar **Dashboard > Pagina > Sample Page** (of een andere pagina). Ga naar de rechterkolom - tab **Pagina > Template - Pagina's**.

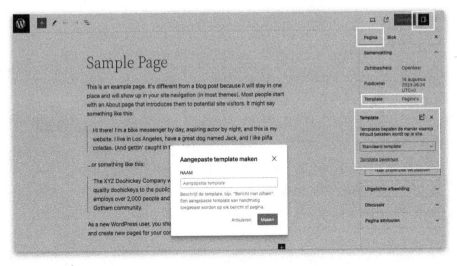

Klik op **Template toevoegen**. Een popup-venster verschijnt waarin je een template-naam kan invoeren. Geef de aangepaste template de naam **Met zijbalk**.

Klik daarna op de knop **Maken**.

De **site editor** wordt geactiveerd. Vanuit het scherm kun je de layout van het aangepaste template samenstellen. Gebruik hiervoor de beschikbare **blokken** en **patronen**. Zoals je ziet is gebruik gemaakt van het blok **Kolommen**. In de linkerkolom plaats je **Bericht-inhoud**, in de rechterkolom een **Kalender** blok. Het blok **Kolommen** is in het blok **Groep** geplaatst.

De opbouw is te zien met behulp van **Lijstweergave**. Nadat je klaar bent, klik je op de knop **Updaten** en **Opslaan**. Met de knop **< Terug** (boven) krijg je de **Pagina** weer te zien.

In de rechterkolom wordt aangegeven dat er gebruik wordt gemaakt van de template **Met zijbalk**. Met **Template Bewerken** kun je de template aanpassen.

De template is ook te vinden in de **site Editor**. Ga naar: **Dashboard > Weergave > Editor - Templates**.

Bekijk de website.

Custom template aanpassen

De pagina met de template **Met zijbalk** wordt toegepast. Er is geen template onderdeel zoals een header en footer opgenomen in de template.

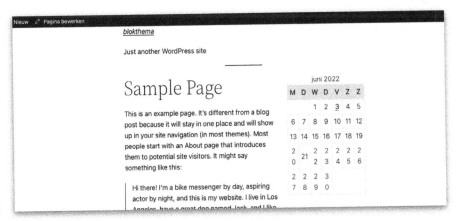

Wil je standaard **Template Onderdelen** gebruiken, dan mag je de template aanpassen.

Ga naar **Dashboard > Weergave > Editor > Alle templates - Met zijbalk**.

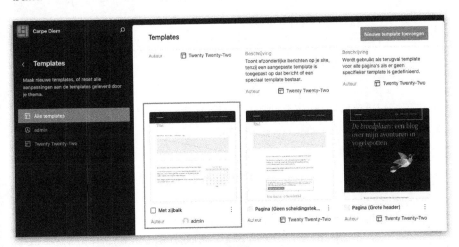

Klik om te bewerken.

Klik op het **+** icoon en selecteer **Patronen > Headers >
Alleen tekst header met slogan en achtergrond**.

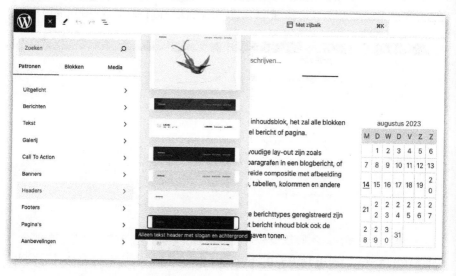

Selecteer daarna **Patronen > Footer > Donkere footer met titel en
aangedreven door WordPress**.

Gebruik **Lijstweergave** om de structuur-opbouw te bekijken. Bovenaan de
template verwijder je de **Groep** met *Site titel* en *Site slogan*. Het template
onderdeel **Header** mag je naar boven slepen, de **Footer** mag onderaan
staan. Klik daarna op **Opslaan**.

Er zijn daarna nog extra handelingen uitgevoerd om ervoor te zorgen dat
de template beter aansluit bij het thema.

Je mag ook het blok **Bericht uitgelichte afbeelding** toevoegen.

Het blok **Kolommen** is geplaatst in een **Groep**.
Selecteer het blok **Groep** en ga naar blok instellingen (rechterkolom).

Bij **Lay-out** zorg activeer je **Binnenste blokken gebruiken inhoud breedte**. Geneste blokken vullen hiermee de breedte van deze container.

Wil je meer weten over thema-blok eigenschappen, dan zijn deze te vinden in de **Templates** *Pagina* of *Enkel bericht*.

Klik daarna op **Opslaan** en bekijk de pagina.

Standaard layout hergebruiken

Wil je in een aangepaste template de layout van een standaard template gebruiken, dan kun je de opmaak van een standaard template gebruiken. Het is dan niet meer nodig om de custom template te voorzien van een header en footer.

Ga naar de template **Enkele berichten**.
Vanuit de rechterkolom **Opties** (3 puntjes) selecteer **Code editor**.

Kopieer de gehele code en **plak** dit in de aangepaste template **Met zij-balk**. De opmaak wordt hiermee overschreven. Vergeet daarna niet om te-rug te keren naar de **Visuele editor**.

Nadat de custom template is opgeslagen kun je dit aanpassen met extra blokken zoals een **Groep**, **Kolommen** en **Kalender**.

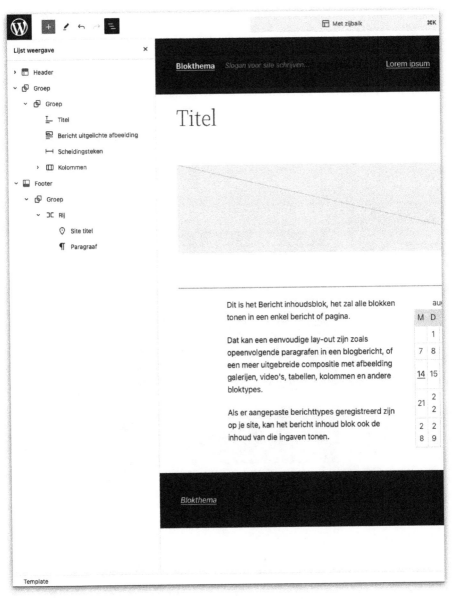

Met behulp van **Lijstweergave** kun je zien hoe de template is aangepast.

THEMA BLOKKEN

Na het activeren van een blok thema zijn menu onderdelen **Widgets** en **Menu's** niet meer opgenomen in het **Dashboard**.

Widgets en thema blokken worden in een blok thema met behulp van de **site-editor** toegevoegd. Een gebruiker mag zelf beslissen in welke template en positie dit wordt geplaatst. Bij een klassiek thema hebben dit soort elementen een vaste positie.

Widget blokken

Standaard widget blokken zijn sinds versie 5.8 opgenomen in de pagina-editor en is ook in de site-editor te zien.

Beschikbare widget blokken zijn: Archieven, Kalender, Categorieën lijst, Eigen HTML, Nieuwste reacties, Nieuwste berichten, Paginalijst, RSS, Zoeken, Shortcode, Social pictogrammen en Tag cloud.

Ga naar **Dashboard > Weergave > Editor > Templates - Blog home**.
Ga je met de cursor over een widget blok, dan krijg je tekst & uitleg te zien.

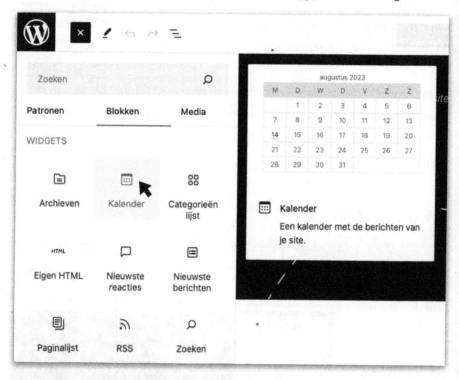

Je mag op elke plek in het blok thema een widget plaatsen. In een klassiek thema is het alleen mogelijk om een widget in een aangewezen ruimte te plaatsen, zoals een sidebar of footer.

Een widget blok kan ook met de standaard teksteditor in een pagina of bericht worden opgenomen.

Thema blokken

Met behulp van de blok-inserter, ➕ icoon, zijn een aantal thema blokken te zien.

Beschikbare thema blokken zijn: Navigatie, Site-logo, -Titel en -Slogan, Query loop, Berichtenlijst, Template onderdeel, Header, Footer, Avatar, Titel, Samenvatting, Uitgelichte Bericht-afbeelding, -Inhoud, -Auteur, Datum, Categorieën, Tags, Volgend en Vorig bericht, Lees meer, Reacties, Login/uit, Term beschrijving Archieftitel en Zoekresultaat en titel.

Ga je met de cursor over een thema-blok, dan krijg je tekst & uitleg te zien.

Met behulp van **Lijstweergave** kun je zien uit welke blokken een template bestaat.

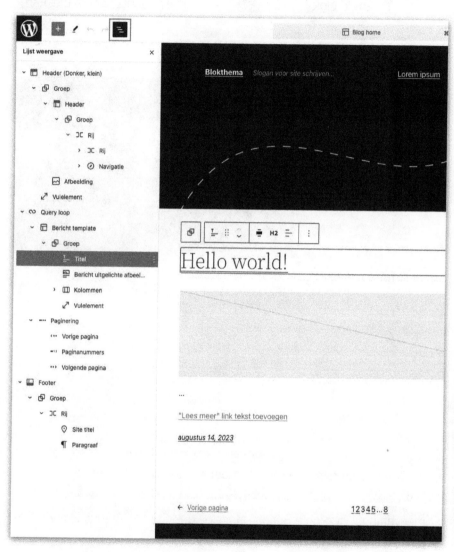

Met thema blokken bepaal je de layout van een webpagina. Je hebt hiermee dezelfde vrijheid om blokken te wijzigen, verwijderen of te verplaatsen zoals bij een pagina editor.

THEMA PATRONEN

Vanuit de site editor beschikt een thema over zijn eigen patronen. Deze bestaan uit diverse samengestelde thema blokken. Hierbij kun je denken aan o.a. Headers, Footers, Pagina's, Knoppen, Kolommen, Tekst etc.

Met patronen is het voor een gebruiker niet meer nodig om zelf een layout samen te stellen.

Klik op de blok-inserter, **+** icoon. Selecteer daarna de tab **Patronen**. Patronen zijn verdeeld in een aantal categorieën: Alle patronen, Aanbevelingen, Banners, Berichten, Call to action, Footers, Galerij, Headers, Pagina's, Tekst en Uitgelicht.

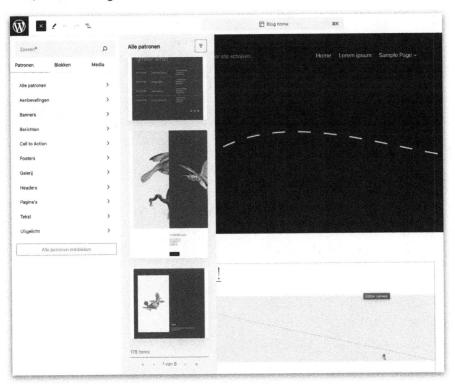

Maak een keuze, daarna wordt het patroon toegevoegd aan de template. Met de knop **Alle Patronen ontdekken** worden dezelfde categorieën in een popup-venster geladen.

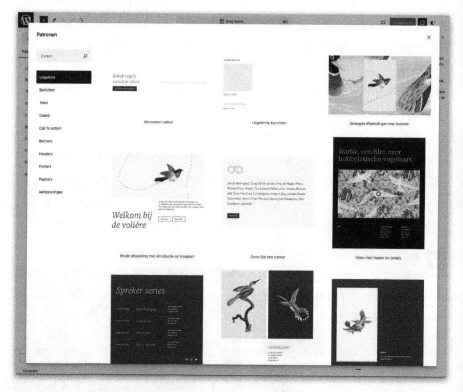

Nadat een selectie is gemaakt, wordt deze aan de template toegevoegd.

In het hoofdstuk *Patronen Maken* wordt uitgelegd hoe je een thema kunt voorzien van patronen.

ALGEMENE STIJL

De vormgeving van een blok thema wordt bepaald door een webdesigner. Naast een standaard indeling, opmaak en patronen is ook besloten welke **algemene stijlen** oftewel **global styles** wordt toegepast.

Dit omvat stijlen voor **typografie, kleur** en **layout**. Deze stijl wordt ook toegepast op editor blokken. Elk thema beschikt over een eigen algemene stijl. Het aanpassen van een algemene stijl kan worden gedaan met behulp van de **site-editor**.

Stijlen praktisch toepassen.

Ga naar **Dashboard > Weergave > Editor > Stijlen**. Het thema *Twenty Twenty-Two* beschikt over een aantal stijlopties. Je kunt vanuit dit scherm een stijl bewerken. Door op de template te klikken is het ook mogelijk om algemene stijlen aan te passen.

Klik op de template.

Bladeren door stijlen

Vanuit de site editor is in de rechterkolom een aantal opties te zien: **Bladeren door stijlen, Typografie, Kleuren, Lay-out** en **Blokken.**

Met **Bladeren door stijlen** is het ook mogelijk om vanuit de editor te kiezen voor een andere variant.

Typografie

Met het paneel **Typografie** is het mogelijk om stijlen aan te passen voor **Tekst**, **Links**, **Koppen**, **Bijschriften** en **Knoppen**.

Selecteer vanuit het paneel een **Element**.

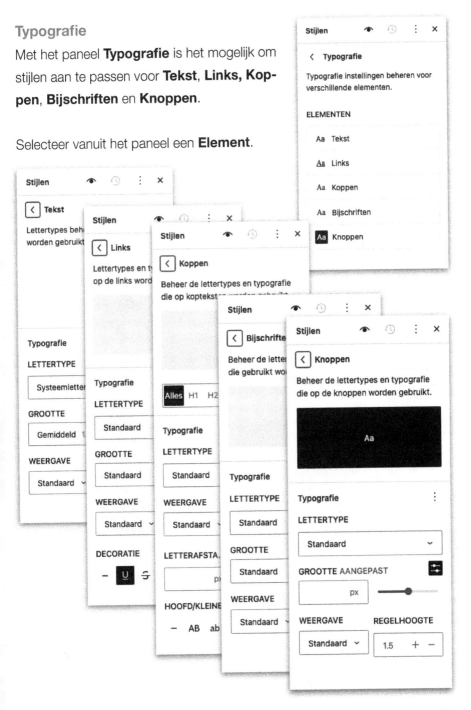

Kleuren & Schaduwen

Met het paneel **Kleuren** is het mogelijk om **Palet**-, **Tekst**-, **Achtergrond**-, **Link**-, **Bijschriften**-, **Knop**- en **Koptekst**-kleuren te wijzigen.

Selecteer vanuit het paneel een **Kleur**.

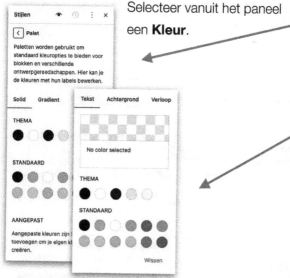

Met het paneel **Schaduwen** is het mogelijk om schaduwstijlen te maken en te beheren.

Met het paneel **Achtergrond** is het mogelijk om een achtergrondafbeelding toe te voegen

Layout

Met het paneel **Lay-out** is het mogelijk om de **Padding** binnenruimte van het thema, aan te passen. Hiermee wordt extra ruimte binnen het thema gemaakt.

Klik op **Padding opties** om per zijde een padding aan te geven. Klik op **px** om te veranderen van maateenheid.

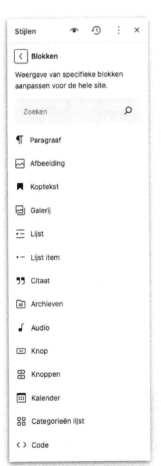

Blokken

Met het paneel **Blokken** is het mogelijk om de stijl van blokken aan te passen.

Wijzigingen worden in de hele site toegepast.

Na het invoegen van een blok is het nog steeds mogelijk om dit individueel aan te passen met behulp van de editor.

Selecteer vanuit dit paneel een blok om de algemene stijl te wijzigen.

In dit voorbeeld is het blok **Paragraaf** gekozen.

Het aantal stijl-opties verschilt per blok.

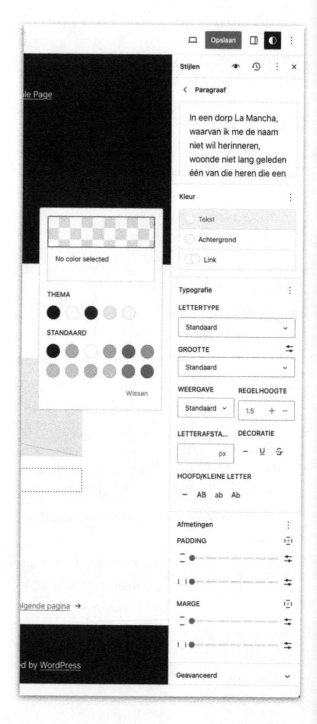

Blok stijl herstellen

Is de stijl van een blok aangepast en wil je terug naar de standaard instelling, ga dan het paneel **Blokken > Paragraaf > Kleur**.

Met behulp van **Kleur opties** (drie puntjes), kies voor **Herstellen** of **Alles herstellen**.

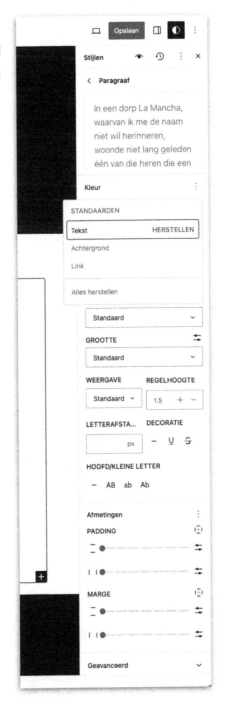

WIJDE & VOLLEDIGE BREEDTE

De editor heeft een aantal uitlijn-opties, waaronder **Wijde** en **Volledige breedte**. Met deze opties kan een blok gebruik maken van de beschikbare breedte van een **thema** of **browser-venster**. Let op! Niet alle thema's ondersteunen deze opties. In dat geval worden ze niet vertoond.

Hieronder een overzicht van **blokken** welke hiervan gebruik maken:

Tekst	Ontwerp	Insluitingen
Kop	Kolommen	Alle - tenzij insluiting beperkt is
Pull-quote	Groep, Rij	
Tabel	Scheidingslijn	

Media	Widgets	Thema
Afbeelding	Archief	Query loop
Galerij	Kalender	Bericht-titel
Audio	Categorieën	- inhoud
Omslagafbeelding	Nieuwste reacties	- datum
Bestand	Nieuwste berichten	- samenvatting
Media & Tekst	RSS feed	- uitgelichte afbeelding
Video	Tag wolk	

56

Wijde breedte maakt gebruik van de volledige breedte van het thema.
In de meeste gevallen heeft een thema een maximale breedte. Als de site
wordt geladen in een browserscherm dat breder is dan het thema, zal het
blok dezelfde breedte hebben als het thema.

Volledige breedte maakt gebruik van de volledige breedte van het
browser-venster. Als de site wordt geladen in een venster dat breder is
dan het thema, zal het blok dezelfde breedte hebben als het venster.

Volledige hoogte werkt alleen met een **omslagafbeelding**.
Hiermee wordt de volledige hoogte van de afbeelding weergegeven.
Je kunt dit combineren met Wijde en Volledige breedte

Het thema **Twenty Twenty-One** ondersteunt deze opties, zie het voorbeeld aan de rechterkant. Bovenaan zie je een paragraaf- en afbeeldings-
blok, beide gecentreerd. Daaronder zie je 3 kolommen met tekst en een
afbeelding met wijde breedte. Helemaal onderaan zie je een afbeelding met
volledige breedte en hoogte (zie: blokoptie - Grootte afbeelding).

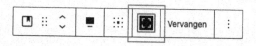

Dankzij deze opties ben je niet meer beperkt tot de standaard breedte
van een thema. Hierdoor heb je meer ruimte om b.v. een omslagafbeelding
als header te gebruiken of een pagina te voorzien van 3 kolommen.
Je kunt ook diverse blokken naast elkaar plaatsen. Kortom, het biedt meer
mogelijkheden voor het vormgeven van thema's, pagina's en berichten.

Let op of een ander thema deze opties ondersteunt wanneer je ervoor kiest
om een ander thema te gebruiken.

Wijde – Volledige breedte

Lorem ipsum dolor sit amet, consectetur adipiscing elit. Donec consequat metus eu est laoreet rutrum. Vestibulum pharetra augue id lacus tristique, at feugiat diam ornare. Praesent finibus nibh dolor, vel vulputate eros fringilla vitae. Vestibulum lobortis tincidunt augue, et varius risus convallis quis. Proin dignissim faucibus eros, ut condimentum felis vehicula at. Nam vitae ligula ante. Quisque id congue risus. Duis ligula mi, ultricies fermentum interdum nec, laoreet in mauris.

Centreren

Lorem ipsum dolor sit amet, consectetur adipiscing elit. Donec consequat metus eu est laoreet rutrum. Vestibulum pharetra augue id lacus tristique, at feugiat diam ornare. Praesent finibus nibh dolor, vel vulputate eros fringilla vitae. Vestibulum lobortis tincidunt augue, et varius risus convallis quis. Proin dignissim faucibus eros, ut condimentum felis vehicula at.

Proin non nisi nisi, in lectus nisl, imperdiet ac massa sit amet, sagittis elementum massa. Aliquam maximus a risus non bibendum. Curabitur semper tellus eu arcu blandit, vel venenatis tortor aliquet. Nunc volutpat urna mattis sem sagittis ultrices id vitae nunc. Nulla non ipsum a sem venenatis condimentum id eu odio. Donec finibus tortor a dolor convallis viverra. Nulla vel est ac urna gravida posuere.

Vestibulum ante ipsum primis in faucibus orci luctus et ultrices posuere cubilia curae; Aenean ipsum urna, laoreet vitae ex a, aliquam efficitur ligula. Etiam aliquet risus ut dignissim imperdiet. Donec maximus in magna sit amet vulputate. In hac habitasse platea dictumst. Etiam vel diam id odio fringilla ullamcorper quis nec tortor. Praesent sapien turpis, tristique eget odio ut, viverra egestas nunc.

Wijde breedte

THEMA BESTANDSTRUCTUUR

Waaruit bestaat een blok thema? Nadat WordPress is geïnstalleerd op je eigen computer met het programma **Local**, heb je direct toegang tot al je thema bestanden. Voor Windows of MacOS gebruikers ga naar:

gebruikersmap > Local sites > Naam site > app > public > wp-content > themes.

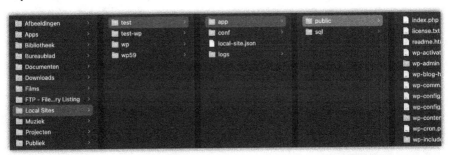

Voor **MAMP** gebruikers: **Apps > MAMP > htdocs > Naam site > app > public > wp-content > themes**.

Als je WordPress online hebt geïnstalleerd, kun je een **FTP-programma** gebruiken om bij je themabestanden te komen.

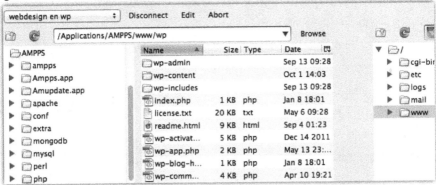

Er zijn diverse gratis FTP programma's beschikbaar zoals **FileZilla** of **Cyberduck**.

In de folder **themes** vind je het blok thema
twentytwentytwo.

De bestandsstructuur
van een blok thema
(rechts) is anders dan
een klassiek thema
(links).

Een klassiek thema zoals **twentytwentyone**
bevat veel meer PHP- en JavaScript-bestanden.

Een blok thema bevat minder PHP bestanden.
Het maakt voornamelijk gebruik van HTML en
een JSON bestand.

Meer informatie over de bestandsstructuur
voor blok thema's is te vinden in het Word-
Press Theme Handboek:
https://developer.wordpress.org/themes/
block-themes/block-theme-setup.

Hiernaast zie je een voorbeeld van een
bestandsstructuur.

```
assets (dir)
        - css (dir)
                - blocks (dir)
        - images (dir)
        - js (dir)
inc (dir)
patterns (dir)
parts (dir)
        - footer.html
        - header.html
templates(dir)
        - 404.html
        - archive.html
        - index.html
        - page.html
        - single.html
        - search.html
functions.php
index.php
README.txt
rtl.css
screenshot.png
style.css
editor-style.css
theme.json
```

Een standaard blok thema bestaat uit:

- **assets** - folder met thema bestanden zoals o.a. afbeeldingen en fonts.
- **functions.php** - configuratie en verwijzing naar themabestanden.
- **inc** - folder met patroon bestanden zoals:
  - **block-patterns.php** - configuratie blok-bestand.
  - **patterns** - folder met diverse patroon bestanden zoals o.a.:
    - **header-default.php**.
    - **header-large.php**.
    - **header-small.php**.
    - **etc**.
- **index.php** - vanaf versie 6.0 niet meer verplicht.
- **parts** - folder met daarin template onderdelen zoals:
  - **header.html** - template met daarin een header blok.
  - **footer.html** - template met daarin een footer blok.
  - **sidebar.html** - template met daarin een sidebar blok.
- **readme.txt** - thema informatie.
- **screenshot.png** - thema preview.
- **style.css** - thema style sheet.
- **styles** - folder met extra JSON style bestanden.
- **templates** - folder met daarin HTML bestanden zoals:
  - **index.html** - template voor een startpagina.
  - **single.html** - template voor een enkel bericht.
  - **page.html** - template voor een pagina.
- **theme.json** - configuratiebestand voor stylen van thema en blokken.

VOORBEREIDING THEMA MAKEN

Er zijn slechts een aantal bestanden nodig om een blok thema te maken. We beginnen met een basis thema, dat bestaat uit een aantal basis-bestanden. Door templates en onderdelen (parts) te bewerken vanuit de site-editor, kun je de structuur en stijl van het thema veranderen. Wanneer het thema klaar is, kun je het exporteren en beschikbaar stellen voor andere gebruikers.

Met behulp van het bestand **theme.json** kun je het thema voorzien van een algemene stijl. Deze zijn te vinden onder de categorieën **settings** en **styles**.

```
 1  {
 2      "version": 2,
 3 >    "settings": {●},
46 >    "styles": {●},
74 >    "templateParts": [●],
86 >    "customTemplates": [●]
93  }
```

Onder de categorie **settings** kun je eigenschappen opnemen, onder de categorie **styles** worden deze toegepast op diverse blokken en elementen.

Vanuit de site-editor heb je voornamelijk te maken met **kleur**, **typography**, **layout**, **blokken**, **elementen** en **onderdelen** hiervan.

Voordat je begint, is het handig om eerst een voorstelling te maken van het thema. Weet wat je gaat maken. Wat zijn de afmetingen van het thema? Hoe gaat de header en footer eruit zien? Maak je gebruik van aangepaste templates en welke thema patronen wil je daarbij gebruiken?

Op de volgende pagina zie je een aantal websites die je kunnen helpen bij het bepalen van de juiste stijl

Layout

Om de afmetingen van een layout te bepalen, kun je gebruikmaken van de website van **Statcounter**. Het doel van een thema is dat het past binnen het desktopscherm van een groot aantal bezoekers.
In Nederland wordt voornamelijk gebruikgemaakt van een schermresolutie van **1920 x 1080 pixels** of hoger.

Een blok thema is responsive. Het scherm past zich automatisch aan wanneer het wordt geladen op een tablet of smartphone.

In de meeste blok thema's is de **ContentSize** 650 t/m 1050 pixels en **wideSize** 1240 t/m 1600 pixels.

Zie: *gs.statcounter.com/screen-resolution-stats/desktop/netherlands*.

Typografie

Een lettertype draagt bij aan een huisstijl. In de meeste gevallen wordt gebruik gemaakt van een web safe font, zie:

fonts.google.com/knowledge/glossary/system_font_web_safe_font.

Je kunt ook gebruik maken van Google fonts, zie: *fonts.google.com.* Hier vind je veel meer en diverse lettertypes.

In het hoofdstuk *Google fonts* wordt uitgelegd hoe je dit kunt toepassen.

Kleuren

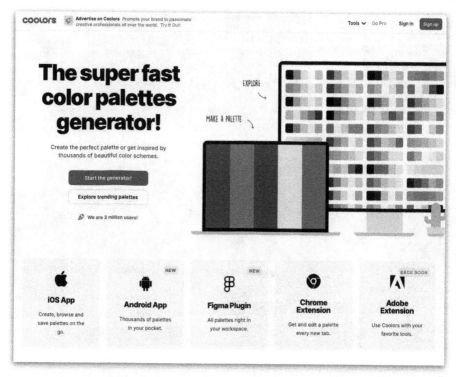

Om een kleurenpallet samen te stellen kun je gebruik maken van de website **coolors.co**. Vanuit de site kun je gebruik maken van een kleurengenerator, schema's of upload een afbeelding om een kleurenpallet samen te stellen.

Het eindresultaat kun je als afbeelding exporteren, inclusief kleurcode.

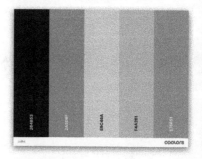

Tip! Zorg voor contrast. Tekst moet leesbaar zijn. Plaats een lichte tekstkleur op een donkere achtergrond, of andersom.

Thema ontwerp

1. Header
2. Hero
3. Subject
4. Latest Post
5. Call to Action
6. Footer

Heb je informatie verzameld en een idee gekregen welke structuur je wilt gebruiken, maak dan eerst een schets van diverse pagina's en patronen.

BLOK THEMA MAKEN - STAPPEN

In dit boek beginnen we met een basis blok thema en breiden dit uit tot een uitgebreid blok thema. Ik adviseer om alle stappen die in dit boek zijn beschreven te volgen. Daarnaast raad ik aan om dezelfde templates en bestanden te gebruiken.

Alle thema bestanden kun je downloaden:

> Je hebt wel een wachtwoord nodig:
> **Adres: wp-books.com/block-theme/**
> **Wachtwoord: carpediem_blocktheme**

Tijdens het maken van een blok thema werk je ook met code. Het is aan te bevelen om gebruik te maken van een Code Editor. Er zijn verschillende Open Source Code Editors beschikbaar. In dit boek wordt gebruik gemaakt van **Atom**. Voor meer informatie zie: https://atom.io.

De site-editor is gemaakt om thema's aan te passen en je kunt er ook blok thema's mee maken. Het eindresultaat kan worden geëxporteerd en gebruikt worden op andere WordPress sites.

Let op! Nadat bestanden en stijlen handmatig zijn aangepast, is het raadzaam om eerst de cache van de browser te wissen en vervolgens de website een aantal keren te vernieuwen.

Als er geen stijl wordt toegepast, is er mogelijk iets mis met de code. Herstel de code (ga een stap terug) en probeer het opnieuw.

Je kunt ook de **browser-cache** wissen na het aanbrengen van wijzigingen
in het **dashboard**. Daarna kun je de
zien door op de knop **Pagina bekijken** te klikken.

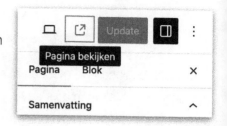

Maak eerst een aantal **pagina's** en **berichten** aan en plaats daarna een
navigatie menu in het thema. Hiermee kun je de website beter bekijken.

Hier volgt een overzicht van de stappen die we gaan doorlopen:

1. Basic blok thema
In dit hoofdstuk wordt handmatig een basis thema gemaakt dat vervolgens
wordt aangepast met behulp van de editor.

2. Basic blok thema stylen
In dit hoofdstuk wordt de algemene stijl van het thema bepaald, zoals de
afmetingen, kleuren en lettertypes.

3. Blok thema uitbreiden
In dit hoofdstuk wordt het basis thema uitgebreid met extra templates.

4. Functies in blok thema
In dit hoofdstuk worden extra functies toegevoegd, zoals het toevoegen
van JavaScript, Google fonts en meer.

5. Blok thema - Patronen
In dit hoofdstuk wordt het thema uitgebreid met patronen die zijn gemaakt
in de stijl van het thema.

6. Stijl variaties

In dit hoofdstuk wordt het thema voorzien van verschillende stijlvariaties. Hiermee heeft een gebruiker de keuze om een ander kleurenschema en lettertype te gebruiken.

7. Blok thema - animatie

In dit hoofdstuk wordt het thema voorzien van animaties.

8. Blok thema exporteren

In dit hoofdstuk wordt het aangepaste thema geëxporteerd. Editor aanpassingen worden niet opgeslagen in de broncode, maar na het exporteren zijn ze wel te vinden in de broncode.

9. Starter blok thema

In dit hoofdstuk wordt uitgelegd wat een starter thema is en hoe je dit kunt gebruiken voor verdere ontwikkeling.

10. Blok thema generator

In dit hoofdstuk wordt uitgelegd wat een blok thema generator is en hoe je dit kunt gebruiken voor verdere ontwikkeling.

11. Block based child theme plugin

In dit hoofdstuk wordt gebruik gemaakt van de plugin *Create Block Theme* en hoe je dit kunt gebruiken voor verdere ontwikkeling.

12. Editor plugins

In dit hoofdstuk wordt uitgelegd welke editor plugins beschikbaar zijn om een thema te ontwikkelen.

13. Thema plugins praktisch toepassen

In dit hoofdstuk wordt een thema gemaakt met behulp van plugins.

14. Thema met verplichte of aanbevolen plugins

In dit hoofdstuk wordt uitgelegd hoe je verplichte of aanbevolen plugins kunt toevoegen aan een thema.

In elk hoofdstuk waarin een thema wordt gemaakt vind je een download adres. Deze bestanden kun je bekijken en gebruiken voor een eigen ontwerp.

BASIC BLOK THEMA

Om een basic blok thema te maken heb je maar een aantal bestanden nodig. Een basic blok thema bestaat uit:

Thema_folder:

- **style.css**
- **screenshot.png**
- **functions.php**
- **theme.json**
- **parts** (folder)
  - **header.html**
  - **footer.html**
- **templates** (folder)
  - **index.html**
  - **single.html**
  - **page.html**

De naam van een template bestand staat vast. Hiermee worden bestanden automatisch herkend door WordPress.

Doorloop alle instructie-stappen om een basic blok thema te maken.
Je mag ook gebruik maken van de bestanden die je hebt gedownload.
Het kopiëren en plakken gaat sneller dan het overtypen van verschillende scripts.

wp-books.com/block-theme
blz. 76 - blockthemebasic

Stappen

1. Installeer WordPress m.b.v. **Local** of bij een **webhost**.
2. Ga naar de WordPress **installatie folder**.
3. Ga naar de folder **wp-content/themes**
4. Plaats daarin een folder met de naam **blockthemebasic**.
5. Daarna plaats je de volgende **lege** bestanden:
   - **screenshot.png**.
   - **style.css**.
   - **functions.php**.
   - **theme.json**.
   - Twee folders, **templates** en **parts**.
6. In folder **templates** plaats je **index.html**, **single.html** en **page.html**.
7. In folder **parts** plaats **header.html** en **footer.html**.
8. Open daarna alle themabestanden en **voeg code toe**.
9. Daarna vanuit het **dashboard** het thema **activeren**.

Alle bestanden, behalve **parts**, **templates** en **screenshot.png** zijn tekstbestanden. **Met behulp van een code editor kun je deze aanmaken.** Let op! Gebruik de juiste extensies **.php**, **.css**, **.html** en **.json** bij het opslaan.

Om pagina's en berichten beter te bekijken mag je het thema voorzien van een navigatie menu. Dit kun je samenstellen m.b.v. de editor.

Scripts zijn afkomstig van:
https://developer.wordpress.org/themes/block-themes
en het standaard blok thema Twenty Twenty-Two.

screenshot.png

Dit is meestal een weergave van het thema.

De afbeelding is te zien vanuit het **Dashboard** na een thema installatie.

Naam: **screenshot.png**.
Grootte: **300 x 225 pixels**.
Bestandsformaat: **png**.

style.css

Open **style.css** en neem de regels 1 t/m 23 over. De onderstaande informatie wordt vertoond bij **Dashboard > weergave > thema's**.

```
1   /*
2   Theme Name: Block Theme Basic
3   Author: WP Books
4   Author URI: https://www.wp-books.com
5   Theme URI: https://www.wp-books.com/block-theme/
6   Description:  Everything you need to know about block themes.
7   Tags: full, site, editing, blok, thema, maken
8   Text Domain: blockthemebasic
9   Requires at least: 6.0
10  Requires PHP: 7.4
11  Tested up to: 6.0
12  Version: 1.0.0
13
14  License: GNU General Public License v2 or later
15  License URI: http://www.gnu.org/licenses/gpl-2.0.html
16
17  All files, unless otherwise stated, are released under the GN
18  License version 2.0 (http://www.gnu.org/licenses/gpl-2.0.html
19
```

Stijlen worden **niet** opgenomen in **style.css** maar in de bestanden **theme.json**, **templates** en **parts**. Stijlregels in style.css overschrijven de stijlregels van theme.json en zijn niet toegankelijk vanuit de site-editor.

Theme Name:	Naam van het thema.
Author:	Naam van de maker.
Author URI:	URL van de maker.
Theme URI:	URL van het thema.
Description:	Beschrijving van het thema.
Tags:	Thema trefwoorden gescheiden door komma's.
Version:	Versie nummer.

functions.php

Een blok thema heeft geen functions.php nodig. Toch is het handig om hiervan gebruik te maken. Hierdoor wordt het mogelijk om extra stijlen, javascript, patronen en functies te gebruiken.

```php
1  <?php
2
3  if ( ! function_exists( 'blockthemebasic_support' ) ) :
4    function blockthemebasic_support()  {
5
6      // Adding support for core block visual styles.
7      add_theme_support( 'wp-block-styles' );
8
9      // Enqueue editor styles.
10     add_editor_style( 'style.css' );
11   }
12   add_action( 'after_setup_theme', 'blockthemebasic_support' );
13  endif;
14
15  /**
16   * Enqueue scripts and styles.
17   */
18  function blockthemebasic_scripts() {
19    // Enqueue theme stylesheet.
20    wp_enqueue_style( 'blockthemebasic-style', get_template_directory_uri()
21   }
22
23  add_action( 'wp_enqueue_scripts', 'blockthemebasic_scripts' );
24
```

Open **functions.php** en neem de regels 1 t/m 23 over uit het bestand.

index.html

Dit bestand is de startpagina van de website. In de template wordt aangegeven welke **template onderdelen** (parts) en **thema blokken** zijn opgenomen in dit bestand.

```
     index.html
1    <!-- wp:template-part {"slug":"header","theme":"blokthemabasic","tagName":"header"} /-->
2
3    <!-- wp:group
•    {"tagName":"main","align":"full","style":{"spacing":{"padding":{"top":"0px","right":"0px","bot
•    {"inherit":true}} -->
4    <main class="wp-block-group alignfull" style="padding-top:0px;padding-right:0px;padding-bottom
•    wp:query
•    {"queryId":0,"query":{"perPage":5,"pages":0,"offset":0,"postType":"post","order":"desc","order
•    exclude":[],"sticky":"","inherit":true},"displayLayout":{"type":"list"},"align":"full","layout
5    <div class="wp-block-query alignfull"><!-- wp:post-template -->
6    <!-- wp:post-title {"isLink":true,"fontSize":"large"} /-->
7
8    <!-- wp:post-featured-image {"isLink":true} /-->
9
10   <!-- wp:group {"layout":{"type":"flex","allowOrientation":false}} -->
11   <div class="wp-block-group"><!-- wp:post-author {"showAvatar":false} /-->
12
13   <!-- wp:post-date /-->
14
15   <!-- wp:post-terms {"term":"category"} /--></div>
16   <!-- /wp:group -->
17
18   <!-- wp:post-excerpt {"moreText":"Read more","showMoreOnNewLine":false} /-->
19   <!-- /wp:post-template -->
20
21   <!-- wp:spacer {"height":"40px"} -->
22   <div style="height:40px" aria-hidden="true" class="wp-block-spacer"></div>
23   <!-- /wp:spacer -->
```

Open **templates > index.html** en neem de regels 1 t/m 33 over uit het bestand.

Bovenaan is een verwijzing opgenomen naar de **header**.
Daaronder zijn een aantal **thema blokken** toegevoegd, waaronder het belangrijkste blok, namelijk het blok **Query**, beter bekend als *The Loop*. Dit stukje code zorgt ervoor dat berichten en pagina's op de juiste wijze worden verwerkt. Helemaal onderaan is een verwijzing opgenomen naar de **footer**.

Ga naar **Editor > Templates > Index** :

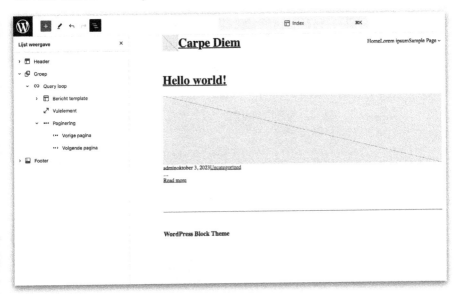

Zoals je ziet is dit geen standaard HTML. Deze code is speciaal gemaakt voor de site-editor. Nadat een template wordt geladen in een browser, wordt standaard HTML code gegenereerd.

Meer info:

https://developer.wordpress.org/themes/block-themes/templates-and-template-parts

single.html

Dit bestand zorgt ervoor dat een individueel bericht in zijn geheel wordt vertoond. Dit bestand lijkt veel op index.html, maar dan aangevuld met een reactie formulier. Open **templates > index.html** en neem de regels 1 t/m 55 over uit het bestand.

```
single.html
1   <!-- wp:template-part {"slug":"header","tagName":"header"} /-->
2
3   <!-- wp:group {"tagName":"main","align":"full","layout":{"inherit":true}} -->
4   <main class="wp-block-group alignfull"><!-- wp:post-title {"level":1,"fontSize":"large"} /-->
5
6   <!-- wp:post-featured-image /-->
7
8   <!-- wp:post-content {"align":"full","layout":{"inherit":true}} /-->
9
10  <!-- wp:spacer {"height":"40px"} -->
11  <div style="height:40px" aria-hidden="true" class="wp-block-spacer"></div>
12  <!-- /wp:spacer -->
13
14  <!-- wp:separator {"opacity":"css","className":"is-style-wide"} -->
15  <hr class="wp-block-separator has-css-opacity is-style-wide"/>
16  <!-- /wp:separator -->
17
18  <!-- wp:comments-query-loop -->
19  <div class="wp-block-comments-query-loop"><!-- wp:comments-title /-->
20
21  <!-- wp:comment-template -->
22  <!-- wp:columns -->
23  <div class="wp-block-columns"><!-- wp:column {"width":"40px"} -->
24  <div class="wp-block-column" style="flex-basis:40px"><!-- wp:avatar {"size":40,"style":{"border":{"ra
25  <!-- /wp:column -->
26
27  <!-- wp:column -->
28  <div class="wp-block-column"><!-- wp:comment-author-name /-->
29
30  <!-- wp:group {"style":{"spacing":{"margin":{"top":"0px","bottom":"0px"}}},"layout":{"type":"flex"}}
31  <div class="wp-block-group" style="margin-top:0px;margin-bottom:0px"><!-- wp:comment-date /-->
32
33  <!-- wp:comment-edit-link /--></div>
34  <!-- /wp:group -->
35
36  <!-- wp:comment-content /-->
37
38  <!-- wp:comment-reply-link /--></div>
39  <!-- /wp:column --></div>
40  <!-- /wp:columns -->
41  <!-- /wp:comment-template -->
42
```

Bovenaan is een verwijzing opgenomen naar de **header**.

Daaronder zijn een aantal **thema blokken** toegevoegd.

Onderaan is een verwijzing opgenomen naar de **footer**.

Ga naar **Editor > Templates > Enkele berichten** :

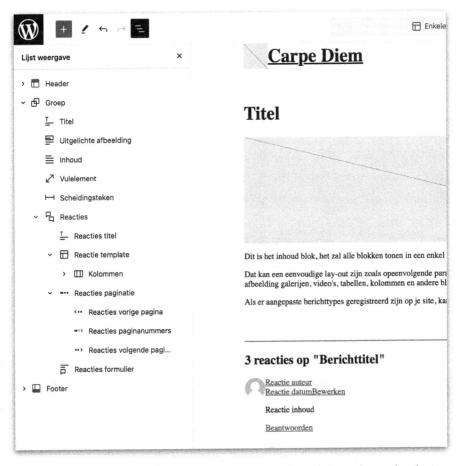

Het reactieformulier wordt automatisch vertoond, nadat een bezoeker het volledig bericht heeft opgeroepen. Deze optie kan worden uitgezet vanuit **Dashboard > Instellingen > Discussie** - **Standaard bericht-instellingen**.

page.html

Dit bestand zorgt ervoor dat een Pagina wordt vertoond. In dit geval is het een directe kopie van single.html. Open **templates > index.html** en neem de regels 1 t/m 55 over in het bestand (of dupliceer single.html).

Bovenaan is een verwijzing opgenomen naar de **header**.
Daaronder zijn een aantal **thema blokken** toegevoegd.
Onderaan is een verwijzing opgenomen naar de **footer**.

Omdat het een kopie is van single.html is het reactieformulier hierin opgenomen. Een bezoeker mag in WordPress ook reactie geven op een pagina. Om deze optie te gebruiken moet dit worden geactiveerd vanuit **Dashboard > Pagina's > naam pagina**, zie instelling **Discussie**.

Wil je geen gebruik maken van een reactieformulier, verwijder dan de regels
`<!-- wp:comments-query-loop -->` t/m
`<!-- /wp:comments-query-loop -->`, regel 18 t/m 52.
Let op, html tag `</main>` niet verwijderen!

Hieronder het resultaat.

```
                   page.html
 1   <!-- wp:template-part {"slug":"header","theme":"blokthemabasic","tagName
 2
 3   <!-- wp:group {"tagName":"main","align":"full","layout":{"inherit":true}
 4   <main class="wp-block-group alignfull"><!-- wp:post-title {"level":1,"fo
 5
 6   <!-- wp:post-featured-image /-->
 7
 8   <!-- wp:post-content {"align":"full","layout":{"inherit":true}} /-->
 9
10   <!-- wp:spacer {"height":"40px"} -->
11   <div style="height:40px" aria-hidden="true" class="wp-block-spacer"></di
12   <!-- /wp:spacer --></main>
```

Ga naar **Editor > Templates > Pagina's** :

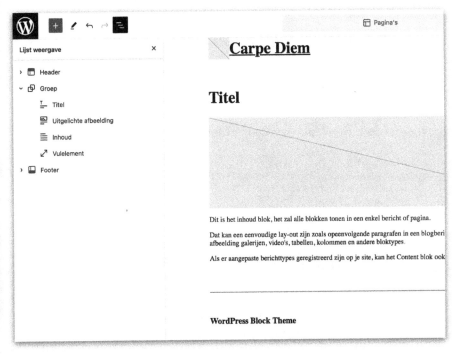

Een pagina mag in opmaak anders zijn dan een bericht.

In dat geval kun je de structuur en stijl aanpassen.

header.html

Vanuit de templates zijn verwijzingen opgenomen naar een header en footer. Deze zijn te vinden in de folder **parts**.

Open **header.html** en plaats de onderstaande code. In het blok **group**
zijn een aantal blokken opgenomen zoals **group**, **site-logo**, **site-title**
en **navigation**. Helemaal onderaan is een **spacer** geplaatst.

```
header.html
1   <!-- wp:group {"align":"full","layout":{"inherit":true}} -->
2   <div class="wp-block-group alignfull">
3   <!-- wp:group {"layout":{"type":"flex","justifyContent":"space-between"}} -->
4   <div class="wp-block-group">
5     <!-- wp:group {"layout":{"type":"flex"}} -->
6     <div class="wp-block-group">
7       <!-- wp:site-logo {"width":40} /-->
8       <!-- wp:site-title {"fontSize":"large"} /-->
9     </div>
10    <!-- /wp:group -->
11
12    <!-- wp:navigation /-->
13  </div>
14  <!-- /wp:group -->
15  </div>
16  <!-- /wp:group -->
17
18  <!-- wp:spacer {"height":40} -->
19  <div style="height:40px" aria-hidden="true" class="wp-block-spacer"></div>
20  <!-- /wp:spacer -->
```

Ga naar **Editor > Patronen > Header** :

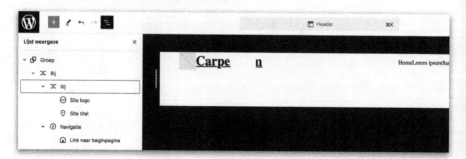

Neem een aantal pagina's op in het blok Navigatie.

footer.html

Open **footer.html** en plaats de onderstaande code.

```
                footer.html        •
1   <!-- wp:group {"align":"full","layout":{"inherit":true}} -->
2   <div class="wp-block-group alignfull"><!-- wp:separator {"opacity":"css","className":"is-style-wide"} -->
3   <hr class="wp-block-separator has-css-opacity is-style-wide"/>
4   <!-- /wp:separator -->
5
6   <!-- wp:spacer {"height":"25px"} -->
7   <div style="height:25px" aria-hidden="true" class="wp-block-spacer"></div>
8   <!-- /wp:spacer -->
9
10  <!-- wp:heading {"level":3} -->
11  <h3 id="footer-info">WordPress Blok Thema</h3>
12  <!-- /wp:heading --></div>
13  <!-- /wp:group -->
14
```

Zoals je ziet is het blok **group** met daarin het blok **separator**, **spacer** en **heading** opgenomen.

Ga naar **Editor > Patronen > Footer** :

theme.json

Dit bestand bevat algemene stijlen, ook wel bekend als global styles. Gebruikers kunnen deze stijlen wijzigen met behulp van de editor. Het is mogelijk om thema variaties op te nemen in één bestand, maar het is beter om deze te verdelen over verschillende json bestanden.

Configuratie mogelijkheden:

- In- of uitschakelen van functies zoals initiaal, padding, margin en regelhoogte.
- Kleurpaletten, kleurverloop en duotoon toevoegen.
- Lettergroottes toevoegen.
- Standaard afmeting toevoegen voor content en breedte.
- Aangepaste CSS toevoegen
- Parts toewijzen aan Templates.

Open het bestand en neem de code over. Zoals je kunt zien, zijn er slechts enkele stijlen actief. N.l. **spacing** en **layout**. Het laatste is voorzien van een **contentSize** en **wideSize** van **840px** bij **1100px**.

Bij **templateParts** wordt aangegeven dat het thema gebruik maakt van een **header** en **footer**. Dit zijn verwijzingen naar de desbetreffende HTML bestanden.

```
                    theme.json
 1   {
 2     "version": 2,
 3     "settings": {
 4       "appearanceTools": true,
 5       "color": {
 6         "palette": [
 7           {
 8             "slug": "",
 9             "color": "",
10             "name": ""
11           }
12         ],
13         "gradients": [
14           {
15             "slug": "",
16             "gradient": "",
17             "name": ""
18           }
19         ]
20       },
21       "spacing": {
22         "units": ["px", "em"]
23       },
24       "layout": {
25         "contentSize": "840px",
26         "wideSize": "1100px"
27       },
28       "typography": {
29         "fontFamilies": [
30           {
31             "name": "",
32             "slug": "",
33             "fontFamily": ""
34           }
35         ],
36         "fontSizes":[
37           {
38             "slug": "",
39             "size": "",
40             "name": ""
41           }
42         ]
43       },
```

theme.json informatie:
https://developer.wordpress.org/themes/
advanced-topics/theme-json.

Algemene stijlen zijn te vinden in de
site- en pagina-editor.

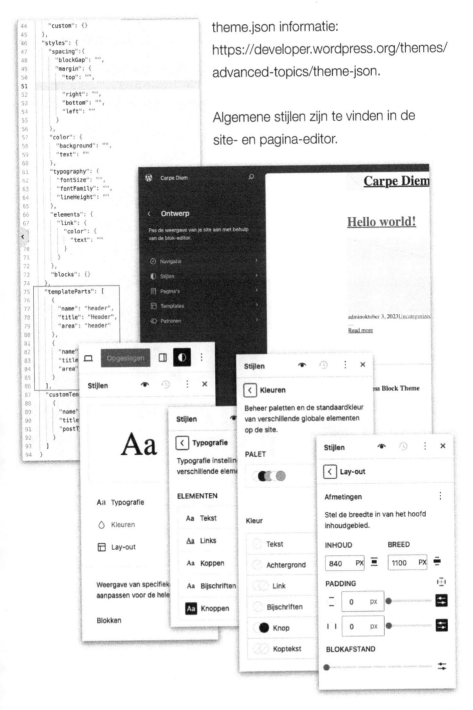

BASIC BLOK THEMA STYLEN

De Homepage maakt gebruik van de template **index.html**.

Klik je op de bericht-titel, dan krijg je de template **single.html** te zien.
Pagina's maken gebruik van de template **page.html**.

WordPress zorgt ervoor dat het blok thema **responsive** is. Wanneer de site op een tablet of smartphone wordt geladen, krijg je een responsive menu ≡ te zien, content blokken passen zich automatisch aan.

In de volgende hoofdstukken ga je extra stijlen en templates aan het thema toevoegen.

Algemene stijlen (global styles)

Het thema kan wel wat meer opmaak gebruiken. Momenteel wordt er gebruik gemaakt van een stijl waarin de **Content**- en **WideSize** zijn bepaald. Zoals we inmiddels weten, zijn de algemene stijlen te vinden in het bestand **theme.json**. Verder wordt er geen gebruik gemaakt van een lettertype, regelafstand en basiskleur. Open het bestand en pas dit aan.

Je ziet een versie nummer, hoofdcategorieën en subcategorieën:

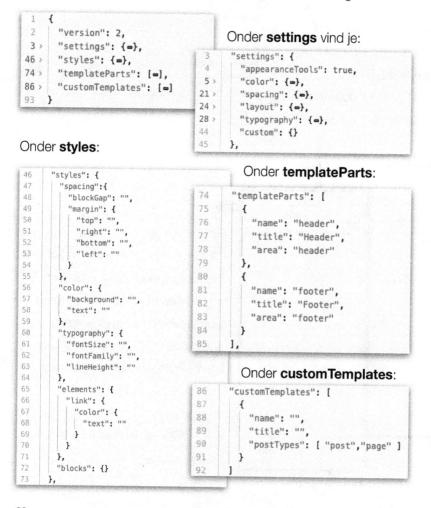

```
 1  {
 2     "version": 2,
 3 >   "settings": {=},
46 >   "styles": {=},
74 >   "templateParts": [=],
86 >   "customTemplates": [=]
93  }
```

Onder **settings** vind je:

```
 3     "settings": {
 4        "appearanceTools": true,
 5 >      "color": {=},
21 >      "spacing": {=},
24 >      "layout": {=},
28 >      "typography": {=},
44        "custom": {}
45     },
```

Onder **styles**:

```
46     "styles": {
47        "spacing":{
48           "blockGap": "",
49           "margin": {
50              "top": "",
51              "right": "",
52              "bottom": "",
53              "left": ""
54           }
55        },
56        "color": {
57           "background": "",
58           "text": ""
59        },
60        "typography": {
61           "fontSize": "",
62           "fontFamily": "",
63           "lineHeight": ""
64        },
65        "elements": {
66           "link": {
67              "color": {
68                 "text": ""
69              }
70           }
71        },
72        "blocks": {}
73     },
```

Onder **templateParts**:

```
74     "templateParts": [
75        {
76           "name": "header",
77           "title": "Header",
78           "area": "header"
79        },
80        {
81           "name": "footer",
82           "title": "Footer",
83           "area": "footer"
84        }
85     ],
```

Onder **customTemplates**:

```
86     "customTemplates": [
87        {
88           "name": "",
89           "title": "",
90           "postTypes": [ "post","page" ]
91        }
92     ]
```

Zoals je kunt zien worden alle hoofd- en subcategorieën geopend en afgesloten met accolades { }. Deze worden, behalve de laatste, afgesloten met een "," komma.

Met de code editor *Atom* wordt de structuur inzichtelijk gemaakt. Door op het pijl **>** icoon te klikken, rechts naast een regelnummer, kun je geneste code structuur in- en uitklappen. Om verticale lijnen te zien zoals in het voorbeeld, ga naar *Voorkeuren > Editor > Show Indent Guide*.

Gebruik de onderstaande stijlen om het blok thema te voorzien van meer opmaak. Hierdoor wordt de site beter leesbaar, dankzij een ander lettertype, geschikte regelhoogte en extra horizontale en verticale ruimtes rondom diverse blokken.

Blok spacing:
Regel 48, styles > spacing > blockGap -10px.

Achtergrondkleur:
Regel 57, styles > color > background - #3e3e3e (donkergrijs).

Tekstkleur, grote, type en regelhoogte :
Regel 58, styles > color > text - #ffffff (wit).
Regel 61, styles > typography > fontSize - 16px.
Regel 62, styles > typography > fontFamily - Sans-serif.
Regel 63, styles > typography > lineHeight - 1.6.

Bekijk de website.

wp-books.com/block-theme
blz. 94 - theme.json

Theme.json uitgelegd

Categorie styles

Met behulp van de categorie **styles** is het thema voorzien van een standaard opmaak.

Styles zijn de standaard stijlen van een thema. Hierin vind je de categorieën **spacing**, **color**, **typography**, **elements** en **blocks**.

Blocks bevat border en radius eigenschappen.

```
46    "styles": {
47      "spacing":{
48        "blockGap": "10px",
49        "margin": {
50          "top": "",
51          "right": "",
52          "bottom": "",
53          "left": ""
54        }
55      },
56      "color": {
57        "background": "#3e3e3e",
58        "text": "#fff"
59      },
60      "typography": {
61        "fontSize": "16px",
62        "fontFamily": "Sans-serif",
63        "lineHeight": "1.6"
64      },
65      "elements": {
66        "link": {
67          "color": {
68            "text": "#fff"
69          }
70        }
71      },
72      "blocks": {}
73    },
```

Categorie settings

```
"settings": {
    "appearanceTools": true,
    "color": {
        "palette": [
            {
                "slug": "",
                "color": "",
                "name": ""
            }
        ],
        "gradients": [
            {
                "slug": "",
                "gradient": "",
                "name": ""
            }
        ]
    },
    "spacing": {
        "units": []
    },
    "layout": {
        "contentSize": "840px",
        "wideSize": "1100px"
    },
    "typography": {
        "fontFamilies": [
            {
                "name": "",
                "slug": "",
                "fontFamily": ""
            }
        ],
        "fontSizes":[
            {
                "slug": "",
                "size": "14px",
                "name": ""
            }
        ]
    },
    "custom": {}
```

Onder de categorie **settings** vind je **appearanceTools, color, spacing, layout, typography** en **custom**.

Met **appearanceTools - false** worden opties zoals border, link, blokgap en line height gedeactiveerd.

Met **color** kun je een kleurenpallet samenstellen.

Met **spacing** kun je blok ruimtes creëren.

Met **layout** de breedte van een site bepalen.

Met **typografie** het font-type samenstellen.

Met **custom** kun je blokken voorzien van een custom stijl.

WordPress adviseert om in de categorie **settings** alle stijl-eigenschappen op te nemen. In de categorie **styles** gebruik je **variabelen** in plaats van directe waarden. Het voordeel van deze methode is dat je maar één keer een waarde invult of hoeft aan te passen.

In het onderstaande voorbeeld zijn stijleigenschappen in de categorie **settings** - **color** opgenomen.

```
3    "settings": {
4        "appearanceTools": true,
5        "color": {
6            "palette": [
7                {
8                    "slug": "foreground",
9                    "color": "#ffffff",
10                   "name": "foreground"
11               },
```

De categorie **styles** gebruikt **variabelen** in plaats van een vaste waarde.

Een theme.json variabele is op de volgende wijze opgebouwd. Het script begint met een aankondiging **variabele ( )** met tussen de haakjes een verwijzing naar **WordPress settings** categorie **color** met **slug**.

Een slug is een naamsherkenning en bevat een kleurcode of naam.
De namen (selectors) zijn gescheiden door twee strepen **--**.
Variabelen worden gebruikt voor o.a. color, typography en spacing.
In theme.json ziet dit er zo uit:

```
var(--wp--preset--color--foreground)
```

```
"styles": {
    "spacing":{=},
    "color": {
        "background": "var(--wp--preset--color--background)",
        "text": "var(--wp--preset--color--foreground)"
    },
```

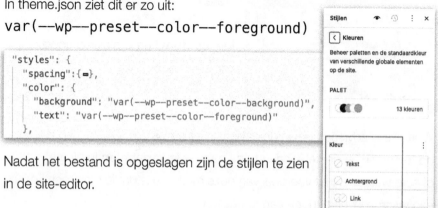

Nadat het bestand is opgeslagen zijn de stijlen te zien in de site-editor.

Nadat een **color palette** is aangemaakt, kan dit ook worden gebruikt bij een **kleurverloop**. Bij **settings** - **gradients** kun je het volgende invoeren:

```
"gradients": [
    {
        "slug": "background-foreground",
        "gradient": "linear-gradient(to bottom, var(--wp--preset--color--background) 0%,var(--wp--preset--color--foreground) 100%)",
        "name": "background to foreground"
    }
]
```

Bij de categorie **styles** - **elements** - **link** - **color** - **text** plaats je de onderstaande variabele:

```
"elements": {
    "link": {
        "color": {
            "text": "var(--wp--preset--color--foreground)"
        }
    }
},
```

Het voordeel van werken met variabelen is dat je maar één kleurcode hoeft aan te passen. Het is niet meer nodig om de kleurcode onder verschillende categorieën te plaatsen.

Meer info: developer.wordpress.org/block-editor/how-to-guides/themes/theme-json/

Het aangepaste bestand kun je hier downloaden.

wp-books.com/block-theme
blz. 98 - **theme.json**

Theme.json uitbreiden

Het json bestand van **blockthemebasic** is voorzien van een aantal categorieën en subcategorieën. Theme.json van het thema **twentytwentytwo** bevat meer eigenschappen.

Ga naar de root-folder van je WordPress installatie: **naam site > wp-content > themes > twentytwentytwo** en **open** het bestand **theme.json**.

Het eerste wat opvalt is dat de volgorde anders is. Een thema maker mag dit zelf bepalen.

```
1    {
2      "version": 2,
3 >    "customTemplates": [ ],
34 >   "settings": { },
224 >  "styles": { },
351 >  "templateParts": [ ]
373  }
```

Onder **settings > color** is **duotone** te zien (regel 37). Dit is een extra editor instelling voor afbeeldingen.

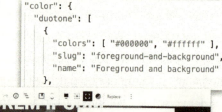

```
"color": {
  "duotone": [
    {
      "colors": [ "#000000", "#ffffff" ],
      "slug": "foreground-and-background",
      "name": "Foreground and background"
    },
```

Bekijk de opbouwstructuur en plaats één **duotone** stijl in theme.json van **blockthemebasic**.

Let op! alle hoofd- en subcategorieën **behalve de laatste** is afgesloten met een "**,**" komma.

In theme.json van **twentytwentytwo** vind je onder **settings > custom**: (regel 140) **spacing**, **typography** en **line-height**. Deze worden gebruikt voor het stylen van blokken. Neem de categorie **settings > custom > typography** over in theme.json van **blockthemebasic**.

Let op: **spacing** en **line-height** niet overnemen.

```
"custom": {
  "spacing": {
    "small": "max(1.25rem, 5vw)",
    "medium": "clamp(2rem, 8vw, calc(4 * var(--wp--style--block-gap)))",
    "large": "clamp(4rem, 10vw, 8rem)",
    "outer": "var(--wp--custom--spacing--small, 1.25rem)"
  },
  "typography": {
    "font-size": {
      "huge": "clamp(2.25rem, 4vw, 2.75rem)",
      "gigantic": "clamp(2.75rem, 6vw, 3.25rem)",
      "colossal": "clamp(3.25rem, 8vw, 6.25rem)"
    },
    "line-height": {
      "tiny": 1.15,
      "small": 1.2,
      "medium": 1.4,
      "normal": 1.6
    }
  }
},
```

Daarna ga je onder **settings > styles > elements** voor de elementen **h1** en **h2** stijlen toepassen. In de variabele zijn de **slugs** opgenomen.

```
224   "styles": {
225 >    "blocks": {⬦},
281 >    "color": {⬦},
285     "elements": {
286       "h1": {
287         "typography": {
288           "fontFamily": "var(--wp--preset--font-family--source-serif-pro)",
289           "fontWeight": "300",
290           "lineHeight": "var(--wp--custom--typography--line-height--tiny)",
291           "fontSize": "var(--wp--custom--typography--font-size--colossal)"
292         }
293       },
```

Deze eigenschappen worden gebruikt voor het stylen van kopteksten.

Onder **settings > spacing > units** (regel 160) van theme.json van **twentytwentytwo** wordt gebruik gemaakt van diverse maateenheden. Hiermee kan een gebruiker vanuit de editor kiezen voor een maateenheid.

Neem alle maateenheden over in het json bestand van **blockthemebasic**.

```
"spacing": {
    "units": [
        "%",
        "px",
        "em",
        "rem",
        "vh",
        "vw"
    ]
},
```

Vanuit theme.json (regel 171) is het ook mogelijk om bepaalde functies in of uit te schakelen. Met **settings > typography > dropcap - true** of **false** kan gebruik worden gemaakt van de functie **initiaal**.

```
"settings": {
    "appearanceTools": true,
    "color": {⬛},
    "custom": {⬛},
    "spacing": {⬛},
    "typography": {
        "dropCap": false,
        "fontFamilies": [⬛],
        "fontSizes": [⬛]
    },
```

L orem ipsum dolor sit ita separantur, ut disi perversius. Hoc sic ex vultum tibi, si incessum fing similis; Cur igitur, cum de re Duo Reges: constructio inter

Onder **styles > blocks** (regel 225) kun je specifieke blokken voorzien van een algemene stijl.

```
"styles": {
    "blocks": {
        "core/button": {
            "border": {
                "radius": "0"
            },
            "color": {
                "background": "var(--wp--preset--color--primary)",
                "text": "var(--wp--preset--color--background)"
            },
            "typography": {
                "fontSize": "var(--wp--preset--font-size--medium)"
            }
        },
```

Een selector die je kunt gebruiken voor blokken: "`core/name_blok`".

Elk blok heeft een specifieke naam.

Kopieer de selector "`core/button`" inclusief stijlen en plak dit in **styles >
blocks** van het json bestand van **blockthemebasic**.

De categorie **blocks** is al aanwezig. Pas daarna de variabelen aan, de achtergrondkleur wordt "**foreground**" (wit), de tekstkleur "**background**" (grijs).

Om de extra aanpassingen te bekijken, plaats je eerst een aantal **knoppen**, **paragrafen** en **heading** blokken in een pagina.

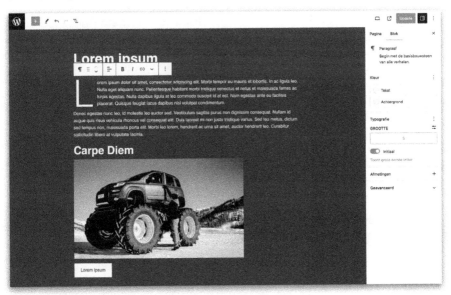

Door een kijkje te nemen in theme.json bestanden van andere blok thema's
krijg je meer inzicht in structuur en styling. Meer info:
developer.wordpress.org/block-editor/how-to-guides/themes/theme-json.

Het aangepaste json bestand kun je ook downloaden.

wp-books.com/block-theme

blz. 102 - theme.json

Categorie templatesParts

Met de categorieën **templateParts** en **customTemplates** wordt o.a. aangegeven uit welke **html** bestanden het thema bestaat.

De **categorienaam** geeft aan in welke folder dit is te vinden. Het onderdeel "**name**" is de naam van het html bestand. Met "**title**" geef je het onderdeel een naam. Met "**area**" wordt het template plaats aangegeven.

```
74    "templateParts": [
75      {
76          "name": "header",
77          "title": "Header",
78          "area": "header"
79      },
80      {
81          "name": "footer",
82          "title": "Footer",
83          "area": "footer"
84      }
85    ],
```

blockthemebasic (links) gebruikt twee templateParts bestanden, header en footer.

```
"templateParts": [
  {
    "name": "header",
    "title": "Header",
    "area": "header"
  },
  {
    "name": "header-large-dark",
    "title": "Header (Dark, large)",
    "area": "header"
  },
  {
    "name": "header-small-dark",
    "title": "Header (Dark, small)",
    "area": "header"
  },
  {
    "name": "footer",
    "title": "Footer",
    "area": "footer"
  }
]
```

Het thema **twentytwentytwo** (rechts) maakt gebruik van drie headers en één footer. Het is dus mogelijk om gebruik te maken van diverse templateParts.

De thema maker heeft al een aantal voorbeelden in diverse templates opgenomen.

Met de site-editor kan een gebruiker templates samenstellen of wijzigen. De naam van templateParts bestanden mag je zelf bepalen.

Categorie Custom Templates

Een thema maker kan een thema voorzien van Custom Templates.
Dit is een webpagina die afwijkt van een standaard pagina. Hierbij kun je
denken aan een pagina **Volledige Breedte**, **Met Zijbalk** of **Homepage**.

In diverse custom templates kan ook een andere Header of Footer worden
opgenomen. Deze bestanden (parts) moeten dan wel in het thema worden
opgenomen.

In het hoofdstuk *Template toevoegen* is vanuit de site-editor een extra template gemaakt door een gebruiker.

In dit geval wordt een Custom template gemaakt door een thema maker.

```
"customTemplates": [
  {
    "name": "",
    "title": "",
    "postTypes": [ "post","page" ]
  }
]
```

Nadat dit is toegevoegd in de folder
templates, mag je in **theme.json** het
bestand aanpassen.

In de categorie **customTemplates** geef je aan welke **name** en **title** wordt
gebruikt. Ook hier mag je de naam zelf bepalen. Met **postTypes** wordt
aangegeven of de custom template voor een pagina, bericht of beiden beschikbaar is.

Mobiel navigatie menu stylen

Nadat het thema in een tablet of smartphone wordt geladen is een menu ≡ icoon
te zien. Wanneer je op het icoon klikt,
verschijnt er een witte achtergrondkleur.

Om de achtergrondkleur te
veranderen, kun je het volgende doen: Vanuit de site-
editor **selecteer** je het blok
Navigatie.

Ga vanuit **Blok instellingen** naar **Stijlen > Kleur**.
Bij **Achtergrond** selecteer
je dezelfde kleur als de achtergrondkleur van het thema, grijs **#3e3e3e**.

Bij **Sub-menu & overlay
tekst** selecteer de kleur
wit.

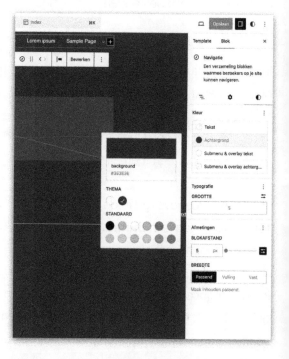

Voor meer blokafstand in het navigatiemenu, ga naar **Afmetingen -
Blokafstand** en gebruik een waarde van b.v. **5px**.

Klik daarna op **Opslaan**.

BLOK THEMA UITBREIDEN

In het thema **Twenty Twenty-Two** zijn er extra
bestanden en mappen te vinden. Er zijn mappen
toegevoegd, zoals **assets**, **inc** en **styles**, met
bijbehorende bestanden.

In de folder **templates** zijn extra templates opgenomen zoals **search**-, **404**-, **archive**-, **blank**- en
home.html. Deze templates zijn gemaakt om specifieke inhoud te genereren. Elk template heeft een
specifieke naam die aangeeft waar het voor wordt
gebruikt. Als een specifiek template niet aanwezig is,
wordt het template **index.html** gebruikt. De namen
van de templates zijn vastgesteld door WordPress.

Bestanden met een naam zoals **page-large-hea-
der.html** zijn **custom templates**. Je mag zelf de
naam voor deze templates bedenken.

WordPress maakt gebruik van een template hiërarchie. Hierin wordt aangegeven welke templates je kunt gebruiken binnen het thema systeem.
Dit geldt voor zowel klassieke- als blok-thema's.

De extensie van klassieke template bestanden eindigt met **.php** voor blok
thema's is dit **.html**.

Voor meer informatie over template-files ga naar: *wphierarchy.com*.

Template hiërarchie

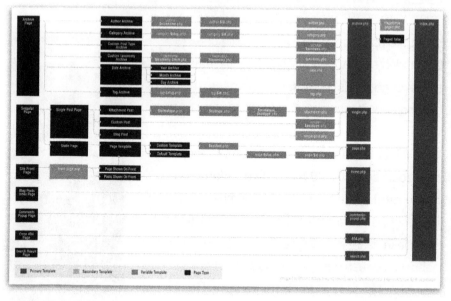

wphierarchy.com.

Overzicht van templates die je kunt gebruiken:

Template	Beschrijving
index.html	Toont berichten
home.html	Toont berichten op de homepagina of pagina nadat een statische homepagina is geselecteerd.
front-page.html	Toont een homepagina.
singular.html	Toont een volledig bericht of pagina.
single.html	Toont een volledig bericht of pagina.
page.html	Toont een pagina.
archive.html	Toont categorieën, tags en archieven.
author.html	Toont de laatste berichten van een auteur.

Template	Beschrijving
category.html	Toont de laatste berichten van een categorie.
taxonomy.html	Toont de laatste berichten van een custom post type.
date.html	Toont berichten van een specifieke datum.
tag.html	Toont de laatste berichten van een tag.
media.html	Toont media items of bijlagen.
search.html	Toont zoekresultaten.
privacy-policy.html	Toont een privacybeleid-pagina.
404.html	Toont een bericht als er geen inhoud is gevonden.

Extra templates toevoegen

In het thema **blockthemebasic** zijn drie templates beschikbaar voor het
genereren van content namelijk **index-**, **single-** en **page.html**.
Dit thema gaan we uitbreiden met extra templates, **404-**, **archive-**,
search- en **privacy-policy.html**.

Stappen:

1. Ga naar de **WordPress installatie folder > wp-content > themes >
   blockthemebasic > templates**.
2. Maak vier kopieën van **page.html**.
3. Hernoem dit naar **404-**, **search-**, **archive-** en **privacy-policy.html**.
4. Ga naar **Dashboard > Weergave > Editor > Templates**
   en bewerk de templates.

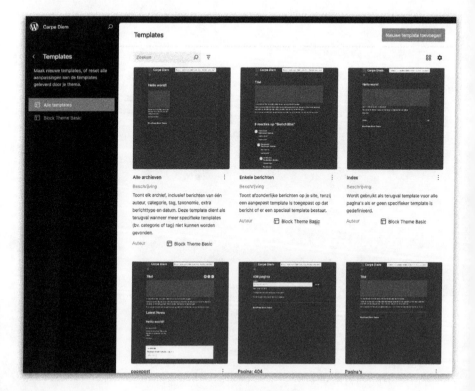

404- en search.html

Een 404 template wordt toegepast
nadat een pagina niet is gevonden.
Search.html wordt gebruikt om
zoekresultaten te laten zien.

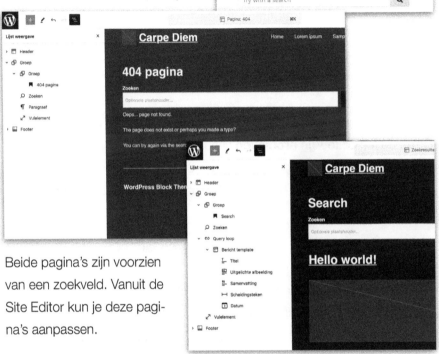

Beide pagina's zijn voorzien
van een zoekveld. Vanuit de
Site Editor kun je deze pagina's aanpassen.

In het blok **Groep** verwijder je alle blokken behalve het blok **Vulelement**.

404: Plaats de blokken **Koptekst**, **Zoekveld** en **Paragraaf**.
Search: Plaats de blokken **Koptekst**, **Zoekveld** en **Query loop**.
Blok Instelling **Query loop - Neem zoekopdracht over van template**.

Klik daarna op de knop **Opslaan**.

Archive.html

Een archief template toont de laatste berichten van een categorie. Dit gebeurt nadat er is gekozen voor een categorie vanuit een link of categorieën-lijst (m.b.v. het blok categorieën). Het is uiteraard de bedoeling dat een bericht aan een categorie wordt gekoppeld. Standaard wordt dit gekoppeld aan de categorie **Uncategorized**.

Hello world!

Welcome to WordPress. This is yc start writing!

Gepubliceerd op juni 3, 2022 Bewerk
Gecategoriseerd als Uncategorized

Maak twee extra berichten aan voordat je de template gaat aanpassen. **Open** de template **Alle archieven** vanuit de site-editor. Niet alle templates worden automatisch aangepast. In dit geval wordt de gehele opmaak van page.html overgenomen. Klik op **Lijstweergave** voor de structuuropbouw.

Template aanpassen

1. Verwijder alle blokken in het blok **Groep**.
2. Plaats in het blok **Groep** het blok **Query loop**.
3. Kies voor een standaard **patroon** - 3 kolommen.
4. In verband met de uitlijning verplaats je de inhoud van de geneste Groep naar de hoofd Groep.
5. De Geneste Groepsblok verwijderen.
6. Plaats onderaan in de linktekst **Lees meer...** .
7. Daarna klik je op de knop **Opslaan**.

Als je de template wilt voorzien van het blok **Bericht uitgelichte afbeelding**, dan kun je dit toevoegen onder het blok **Bericht-titel**.

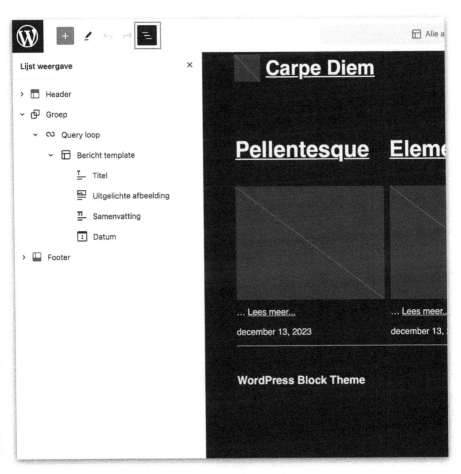

Bekijk de site.

Vanuit de homepage klik je op een categorie link om de pagina te zien.

Privacy-policy.html

De template **Privacybeleid** toont
een pagina met het privacybeleid.
De template wordt toegepast wanneer de **URL-slug** van een **pagina**
de naam **privacy-policy** bevat. De
titel van de pagina kan verschillen
van de URL-slug.

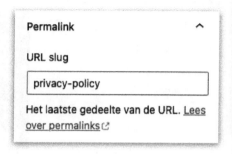

Een standaard WordPress-installatie bevat meestal een privacy-beleids-
pagina. Als dit niet het geval is, kun je een nieuwe pagina aanmaken.

Open de template **Privacybeleid** vanuit de site-editor.
Zoals je ziet is de gehele opmaak van page.html overgenomen.

Om er zeker van te zijn dat de template wordt toegepast, wordt een extra
blok onder de titel geplaatst.

1. Selecteer het blok **Berichttitel**.
2. Plaats daaronder het blok **Social pictogrammen**.
3. Plaats boven de **titel** het blok **Kolommen** 50/50.
4. Sleep de **titel** in het linker deel, het **social** blok in het rechter deel.
5. Daarna wat blok eigenschappen aanpassen i.v.m. uitlijnen.
6. Klik op de knop **Opslaan**.

Bekijk de site.

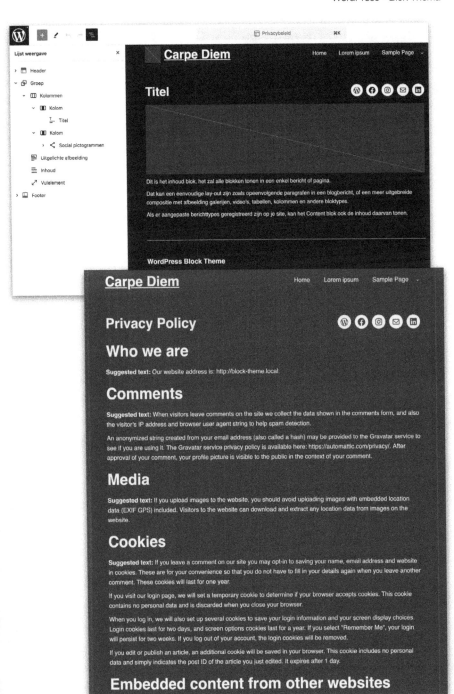

Custom template toevoegen

In dit hoofdstuk ga je het thema voorzien van een custom template.
Je hoeft de code hiervan niet zelf te in te typen.

Een custom template maken is al eerder gemaakt met behulp van de site-editor, zie hoofdstuk *Template toevoegen*. In dit hoofdstuk ga je handmatig een custom template maken. De bestanden kun je ook downloaden en bekijken.

---

wp-books.com/block-theme
blz. 117 - custom_template

Stappen:

1. Maak een kopie van **page.html**.
2. Hernoem dit naar **pagepost.html**.
3. Open **theme.json**.
4. Bij **customTemplates** de gegevens overnemen (zie afbeelding rechts).
5. Ga naar de site-editor en bewerk de template **pagepost.html**.

```
"customTemplates": [
  {
    "name": "pagepost",
    "title": "Page and Post",
    "postTypes": [ "post","page" ]
  }
]
```

Zoals de naam van het bestand aangeeft, wordt de template gebruikt om een **pagina** te voorzien van een aantal recente **berichten**.

Nadat de template is geopend, ga je een aantal onderdelen aanpassen.

Maak gebruik van **Lijstweergave**.
Hiermee krijg je de structuuropbouw en blokken te zien.
Blok **Kolommen** 70/30 toevoegen. Plaats in de linkerkolom de **Titel** en in de rechterkolom het blok **Social iconen**.

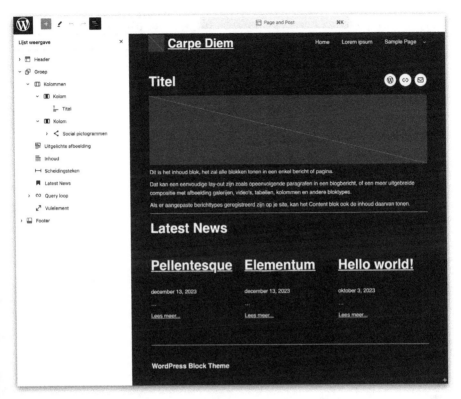

Onder het blok **Bericht inhoud** plaats je een aantal blokken:
Scheidingsteken, **Koptekst** en **Query loop**.

Tijdens het plaatsen van
het blok **Query loop** kun je
kiezen voor een **Patroon**.
Selecteer Patroon - **Raster**

Selecteer het patroon met
drie berichten naast elkaar.

Plaats onder het blok **Bericht samenvatting** de linktekst **Lees meer...** .

Wil je de template voorzien van het blok **uitgelichte afbeelding**, dan kun je dit toevoegen onder het titel blok.

Klik daarna op de knop **Opslaan**.

De aanpassingen worden niet opgeslagen in het bestand **pagepost.html** maar in een tijdelijke opslag. Hiermee is het mogelijk om een pagina te resetten. Na een reset krijg je altijd de oorspronkelijke structuuropbouw te zien.

Door het thema te **exporteren** zijn wijzigingen wel te vinden in html bestanden. Aangezien het thema nog niet helemaal klaar is, gaan we dit later uitvoeren.

Custom Template toepassen
Ga naar **Dashboard > Pagina's > Nieuwe Pagina**.

Geef je pagina een **titel** en **inhoud**.
Bij **Pagina** instellingen kies je voor de template **Page and Post**.
Klik daarna op de knop **Opslaan**.

Neem de pagina op in het **navigatie menu** en bekijk de website.

Carpe Diem

Home   Lorem ipsum   Sample Page

Custom template

In ac lobortis mauris. Donec sed est lorem. Quisque nec ligula a dolor faucibus placerat at vel elit. Nullam non nulla cursus, eleifend dui ac, volutpat libero. Suspendisse vel tincidunt est. Sed eget lacus massa. Vestibulum tincidunt porttitor fermentum. In sit amet odio fringilla, sagittis nunc ut, suscipit risus. Praesent eget faucibus augue. Aliquam vestibulum tellus nec blandit gravida. Integer vestibulum turpis vel rutrum ornare. Nulla sit amet arcu vitae justo rhoncus semper. Donec malesuada felis sed eros rutrum placerat. Donec at lacinia lorem. Curabitur id nisi tristique tellus pulvinar varius in eu sapien.

Latest News

Pellentesque

december 13, 2023

Fusce rutrum augue quis est fermentum, sit amet pretium massa aliquet. Sed nunc nibh, sagittis id interdum non, iaculis sed ex. Mauris nec luctus orci, nec fermentum orci. Donec rutrum lacus quis ante interdum, ut mattis quam mollis. Duis efficitur sem eros, et eleifend lorem fringilla vel. Phasellus porta purus ligula, ut rutrum mi dignissim...

Lees meer...

Elementum

december 13, 2023

Integer eget urna eget nibh fringilla viverra vulputate eu nisi. Nullam non tincidunt eros. Vestibulum quis mauris placerat, ultrices felis et, scelerisque nulla. In quis orci in dui elementum tincidunt. Nulla quis tincidunt lorem. In fermentum sodales odio, a fermentum dui placerat ac. Donec vel augue quam. Orci varius natoque penatibus et magnis dis parturient...

Lees meer...

Hello world!

oktober 3, 2023

Welcome to WordPress. This is your first post. Edit or delete it, then start writing!

Lees meer...

WordPress Block Theme

FUNCTIES IN BLOK THEMA

Functies toevoegen aan een thema kan met behulp van plugins. Om een gebruiker hiermee niet te belasten, is het handig om deze te integreren in het thema. Zo wordt het mogelijk om een thema te voorzien van o.a. een tracking-ID, exotische lettertypes of een ander responsive menu.

Het toevoegen van functies lijkt misschien een ingewikkeld proces, maar het komt erop neer dat je code toevoegt aan een thema. Veel van deze codes zijn beschikbaar en te vinden op het internet. Door gebruik te maken van de juiste zoekwoorden kom je snel bij de benodigde code. Bijvoorbeeld: WordPress + Block theme + functions.php + Google Analytics code. Zoekwoorden in het Engels leveren doorgaans meer resultaten op.

Het bestand waar je code kunt toevoegen is **functions.php**. Dit bestand is een vast onderdeel van zowel klassieke als blok-thema's. Een gebruiker kan nog steeds plugins installeren als dat nodig is.

Een veelvoorkomende toevoeging is het opnemen van JavaScript in een website. Hiermee wordt het mogelijk om het thema te voorzien van bijvoorbeeld een Google Analytics tracking-code.

Het script wordt opgenomen in functions.php. Het eindresultaat is dat de tracking-ID code wordt gegenereerd in de header of footer van de website.

Het aangepaste bestand kun je ook downloaden.

---

wp-books.com/block-theme

blz. 122 - functions.

Google analytics code

Na het aanmelden bij Google heb je toegang tot een tracking code.

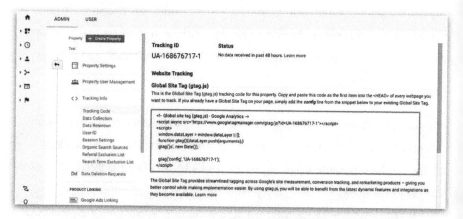

Zoals staat aangegeven mag de **Global Site Tag** (gtag.js) met Trackings ID in de <HEAD> tag van een webpagina worden opgenomen.

Open het bestand **functions.php**.
Ga naar de laatste regel, klik op enter en voeg de onderstaande code toe.

```php
// Google analytics
<?php
add_action('wp_head','my_analytics');
function add_googleanalytics() { ?>
// Paste your Google Analytics code here
<?php }
?>
```

Met `wp_head` wordt code opgenomen in de head van een webpagina.
Voor code in de footer gebruik `wp_footer`.

Ga naar je Google scherm en **kopieer** het gehele script, **Global Site Tag**.

Ga naar **functions.php** en **selecteer**:

//Paste your Google Analytics code here.

Plak het script.

```
24
25  // Google analytics
26  add_action('wp_head','my_analytics');
27  function my_analytics() {
28  ?>
29  <!-- Global site tag (gtag.js) - Google Analytics -->
30  <script async src="https://www.googletagmanager.com/gtag/js?id=AB-12345678-12"></script>
31  <script>
32    window.dataLayer = window.dataLayer || [];
33    function gtag(){dataLayer.push(arguments);}
34    gtag('js', new Date());
35    gtag('config', 'AB-12345678-12');
36  </script>
37  <?php
38  }
39
```

Hierboven het eindresultaat.

Bekijk de site. Klik op het scherm met de rechtermuisknop en kies voor **Inspecteren**. Zoals je kunt zien is de Tracking ID code in de <head> tag opgenomen.

Google fonts

Het thema **blockthemebasic** maakt gebruik van een **web safe font**.
Dit zijn lettertypes zoals Arial, **Verdana**, Helvetica, etc. Oftewel lettertypes
die op elke computer te vinden zijn. Hierdoor weet je zeker dat een website
het juiste font gebruikt.

Wil je gebruik maken van een exotisch lettertype, maak dan gebruik van
Google Fonts. Ga naar **fonts.google.com** en kies voor een lettertype.
In dit voorbeeld is gekozen voor het lettertype **Abril Fatface**.

Nadat het lettertype is gevonden, klik je op het
+ icoon voor meer informatie. Daarna zie je in
de rechterkolom code om het script in een
HTML of CSS document op te nemen.

Voor een WordPress blok thema is de **URL**
belangrijk.

Functions.php

Open **functions.php** en plaats de onderstaande code.

```php
// Define fonts
function google_fonts() {
    wp_enqueue_style( 'google-fonts', 'fonts.google_url_here', false );
}
add_action( 'wp_enqueue_scripts', 'google_fonts' );
```

Ga naar het **fonts.google** en **kopieer** de **URL** van het geselecteerde font:

`https://fonts.googleapis.com/css2?family=Abril+Fatface&display=swap`

Ga naar **functions.php**, selecteer **fonts.google_url_here** en **plak** de **URL**. De volledige code ziet er zo uit:

```php
// Define fonts
function google_fonts() {
    wp_enqueue_style( 'google-fonts', 'https://fonts.googleapis.com/css2?family=Abril+Fatface&display=swap', false );
}
add_action( 'wp_enqueue_scripts', 'google_fonts' );
```

Een koppeling naar het Google font is opgenomen in de site.

Voor de volgende stap is het bestand **theme.json** nodig.

Hierin wordt aangegeven welke elementen en blokken gebruik maken van het lettertype.

Theme.json

Open het bestand **theme.json**.

Onder **settings > typography** voeg je een nieuwe **fontFamily** toe.

```
"settings": {
  "appearanceTools": true,
  "color": {☐},
  "spacing": {☐},
  "layout": {☐},
  "typography": {
    "lineHeight": true,
    "fontFamilies": [{
        "fontFamily": "Sans-serif, Geneva",
        "name": "Sans-serif, Geneva",
        "slug": "sans-serif"
      },
      {
        "fontFamily": "Cambria, Georgia, serif",
        "name": "cambria-georgia",
        "slug": "cambria-georgia"
      },
      {
        "fontFamily": "\"Abril Fatface\", sans-serif",
        "name": "Abril Fatface",
        "slug": "abril-fatface"
      }
    ],
```

Bij **fontFamily** wordt een **Google font** ingesloten door een **backward slash** en **quote**: `\"Abril Fatface\"` .

Onder **styles > elements** - **h1 t/m h3**, toevoegen **typography - fontFa-mily** en **fontSize**.

```
"styles": {
  "spacing": {□},
  "color": {□},
  "typography": {□},
  "elements": {
    "h1": {
      "typography": {
        "fontFamily": "var(--wp--preset--font-family--abril-fatface)",
        "fontSize": "var(--wp--custom--typography--font-size--colossal)"
      }
    },
    "h2": {
      "typography": {
        "fontFamily": "var(--wp--preset--font-family--abril-fatface)",
        "fontSize": "var(--wp--custom--typography--font-size--gigantic)"
      },
      "spacing": {
        "padding": {
          "top": "10px"
        }
      }
    },
    "h3": {
      "typography": {
        "fontFamily": "var(--wp--preset--font-family--abril-fatface)",
        "fontSize": "var(--wp--custom--typography--font-size--huge)"
      }
    },
    "link": {
      "color": {
        "text": "var(--wp--preset--color--wit)"
      }
    }
  },
```

Bij **fontFamily** wordt aangegeven m.b.v. een slug dat er gebruik wordt gemaakt van het lettertype **Abril Fatface**.

FontSize is al eerder gedefinieerd onder **settings**.

Onder **styles > blocks** - **core/navigation** met **typography** en **fontFamily** toevoegen.

```
"styles": {
  "spacing": {█},
  "color": {█},
  "typography": {█},
  "elements": {█},
  "blocks": {
    "core/button": {
      "border": {
        "radius": "0"
      },
      "color": {
        "background": "var(--wp--preset--color--wit)",
        "text": "var(--wp--preset--color--donkergrijs)"
      }
    },
    "core/navigation": {
      "typography": {
        "fontFamily": "var(--wp--preset--font-family--abril-fatface)"
      }
    }
  }
},
```

Onder **typography** wordt **geen** gebruik gemaakt van een **fontSize**.

Bestand **Opslaan** en bekijk de website.

Carpe Diem

Home   Lorem ipsum   Sample Page ⌄

Custom template

In ac lobortis mauris. Donec sed est lorem. Quisque nec ligula a dolor faucibus placerat at vel elit. Nullam non nulla cursus, eleifend dui ac, volutpat libero. Suspendisse vel tincidunt est. Sed eget lacus massa. Vestibulum tincidunt porttitor fermentum. In sit amet odio fringilla, sagittis nunc ut, suscipit risus. Praesent eget faucibus augue. Aliquam vestibulum tellus nec blandit gravida. Integer vestibulum turpis vel rutrum ornare. Nulla sit amet arcu vitae justo rhoncus semper. Donec malesuada felis sed eros rutrum placerat. Donec at lacinia lorem. Curabitur id nisi tristique tellus pulvinar varius in eu sapien.

Latest News

Pellentesque

december 13, 2023

Fusce rutrum augue quis est fermentum, sit amet pretium massa aliquet. Sed nunc nibh, sagittis id interdum non, iaculis sed ex. Mauris nec luctus orci, nec fermentum orci. Donec rutrum lacus quis ante interdum, ut mattis quam mollis. Duis efficitur sem eros, et eleifend lorem fringilla vel. Phasellus porta purus ligula, ut rutrum mi dignissim...

Lees meer...

Elementum

december 13, 2023

Integer eget urna eget nibh fringilla viverra vulputate eu nisi. Nullam non tincidunt eros. Vestibulum quis mauris placerat, ultrices felis et, scelerisque nulla. In quis orci in dui elementum tincidunt. Nulla quis tincidunt lorem. In fermentum sodales odio, a fermentum dui placerat ac. Donec vel augue quam. Orci varius natoque penatibus et magnis dis parturient...

Lees meer...

Hello world!

oktober 3, 2023

Welcome to WordPress. This is your first post. Edit or delete it, then start writing!

Lees meer...

WordPress Block Theme

Zoals je ziet gebruiken de elementen **H1** t/m **H3** en het blok **navigation** het Google Font **Abril Fatface**.

Responsive Menu

Een blok thema is geschikt voor alle
beeldschermen. Wanneer de website
wordt geladen op een smaller scherm
dan de breedte van het thema, worden
alle blokken onder elkaar weergegeven.

Het blok **Navigatie** past zich ook aan.
Een menu icoon ≡ wordt vertoond.
Wanneer er op het menu-icoon wordt
geklikt, worden alle menu-items zichtbaar
en wordt de pagina achter het menu ver-
borgen. Vanuit de site-editor kun je een
aantal eigenschappen aanpassen.

Als je een volledig andere opmaak en
weergave wilt, kun je dit aanpassen met
functions.php.

Maak voordat je begint een submenu.

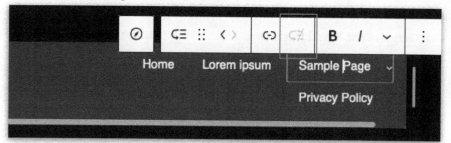

Seleceer een **menu-item**, zie voorbeeld. Klik op het **Submenu** icoon.
Selecteer b.v. de pagina Privacy policy.

Het aangepaste bestand kun je ook downloaden.

> **wp-books.com/block-theme**
> **blz. 132 - functions**.

Stap 1

Vanuit de site-editor klik je op **Patronen > Header**.

Voeg **na** het blok **Navigatie** het blok **Eigen HTML**.

In het blok plaats je de onderstaande HTML code:

```
<div class="burger">
  <div class="line1"></div>
  <div class="line2"></div>
  <div class="line3"></div>
</div>
```

Dit is voor het genereren voor een hamburger menu.

Je kunt nu het Template Onderdeel Header **Opslaan**.

Hieronder het resultaat.

Daarna nog extra functies en CSS code toevoegen.

Stap 2

Open het bestand **functions.php** en voeg de onderstaande code toe.

```php
// menu js function en script
add_action('wp_footer','my_menu');
function my_menu() {
?>

<script>
const navSlide = () => {
const burger = document.querySelector(".burger");
const nav = document.querySelector(".wp-block-navigation__container");
const navLinks = document.querySelectorAll(".wp-block-navigation__container a");

burger.addEventListener("click", () => {
  nav.classList.toggle("nav-active");

  navLinks.forEach((link, index) => {
    if (link.style.animation) {
      link.style.animation = "";
    } else {
      link.style.animation = `navLinkFade 0.5s ease forwards ${
        index / 7 + 0.5
      }s `;
    }
  });
  burger.classList.toggle("toggle");
});
//
};

navSlide();
</script>
<?php
}
```

De code bestaat uit twee delen. Het eerste deel is een functie.

Het tweede deel is het script. Dit zorgt voor de werking van het menu en de **menu-toggle**.

Het script is afkomstig van:

https://codepen.io/alvarotrigo/pen/KKQzbvJ en is daarna aangepast.

Stap 3

Open het bestand **style.css** en voeg de onderstaande code toe.

```css
.wp-block-navigation__container {
    display: flex;
}
.wp-block-navigation__container a{
    display: block;

}
.wp-block-navigation:not(.has-background) .wp-block-navigation__submenu-container {
    color: #333;
}
.burger{
    display: none;
}
.burger div{
    width: 25px;
    height: 3px;
    background: #fff;
    margin: 5px;
    transition:all 0.5s ease;
}
@media only screen and (max-width: 760px){
    .wp-block-navigation__container{
        position: fixed;
        right: 0;
        top:0;
        height:100%;
        background: #333;
        display: flex;
        flex-direction: column;
        align-items: center;
        width: 100%;
        transform: translateX(100%);
        transition:All 0.5s ease-in;
    }
    .wp-block-navigation__container a{
        opacity: 0;
    }
    nav .wp-block-navigation__container{
        padding-top: 50px;
    }
    .wp-block-navigation__container button{
        opacity: 1;
    }
    .burger{
        display: block;
    }
}
.nav-active{
    transform: translateX(0);
}
@keyframes navLinkFade{
    from{
        opacity: 0;
        transform: translateX(50px);
    }
    to{
        opacity: 1;
        transform: translateX(0);
    }
}
.toggle .line1{
    transform: rotate(-45deg) translate(-5px,6px );
}
.toggle .line2{
    opacity: 0;
}
.toggle .line3{
    transform: rotate(45deg) translate(-5px,-6px );
}
```

Hierin wordt het menu voorzien van een aantal extra eigenschappen.

Alle bestanden **Opslaan** en bekijk de site.

Stap 4

Ga naar de site-editor om de header te bewerken. **Selecteer** het blok
Navigatie. Neem de onderstaande instellingen over om de standaard
toggle uit te zetten. Zie **Blok instellingen > Overlay menu** - **Uit**.

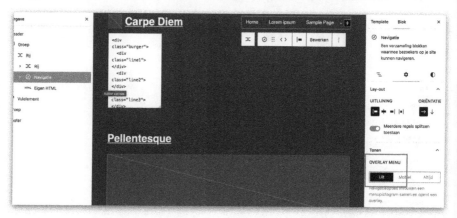

Klik daarna op **Opslaan**. Om de responsive modus te bekijken, kun je hiervoor de browser **Google Chrome** gebruiken. Nadat de site is geladen
ga je naar **Menu > Weergave > Ontwikkelaar > Ontwikkelaarstools**.

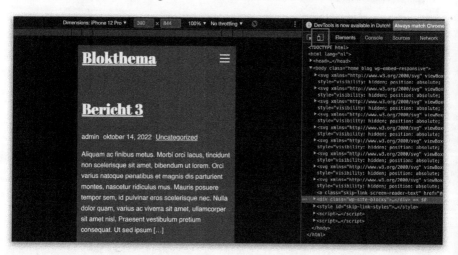

Met de knop **Toggle device toolbar**, phone/tablet-icoon kun je het resultaat bekijken (Voor de zekerheid, maak de menu-tekst wit).

Wil je een andere opmaak, Google dan "responsive menu".

Er zijn vele scripts en voorbeelden te vinden op het internet.

Om een responsive menu te integreren in een blok thema, is het wel handig om kennis te hebben van HTML en CSS. Je kan ook gebruik maken van een responsive menu plugin.

BLOK PATROON MAKEN

Een blok thema bepaalt de look & feel van een website. Hierin wordt o.a. de afmetingen, styling van blokken en het kleurschema vastgesteld. De meeste thema's zijn voorzien van patronen. Hiermee wordt een thema aangevuld met diverse layouts. Patronen maken een thema interessant, leesbaar en dragen bij aan de vormgeving.

Nadat een patroon is ingevoegd, hoeft een gebruiker zelf geen pagina's meer op te maken. Voorbeeldtekst en -afbeeldingen kunnen snel en eenvoudig worden vervangen zonder dat de opmaak verstoord wordt.

Patronen bestaan uit layout blokken die speciaal zijn gemaakt voor pagina's, berichten en thema-onderdelen. Dit omvat o.a. pagina-layouts, kolommen-layouts, call-to-action blokken en diverse headers en footers.

In dit hoofdstuk ga je een patroon toevoegen aan het thema block theme basic. Voordat je dit gaat doen, is het is aan te bevelen om eerst een patroon te visualiseren. Hieronder zie je het ontwerp.

Omslagafbeelding: achtergrondafbeelding, geen content, volledig breed, vaste achtergrond

Groep

Kolommen (50/50), geen breedte

Paragraaf

Paragraaf

Blok patroon in thema

Zoals je op de vorige pagina ziet, gaan we een **Omslagafbeelding** plaatsen. Daaronder een **Groep** met **Kolommen**. In de linker- en rechterkolom is een **Paragraaf** opgenomen. Met behulp van een **pagina editor** (Let op! Geen site-editor) ga je dit samenstellen. De **Omslagafbeelding** heeft een **Volledige breedte**. Bij **Blok** opties > **Media instellingen** is gekozen voor een **Vaste achtergrond**. De **Minimumhoogte van cover** is **295 px**.

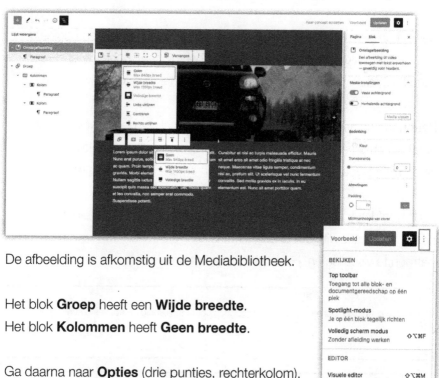

De afbeelding is afkomstig uit de Mediabibliotheek.

Het blok **Groep** heeft een **Wijde breedte**.
Het blok **Kolommen** heeft **Geen breedte**.

Ga daarna naar **Opties** (drie puntjes, rechterkolom).
Klik op **Code editor** en **kopieer** de code.

Open een Code Editor, **Atom**. Maak een **nieuw** bestand aan en **plak** daarin de code. Plaats bovenaan een <?PHP ... ?> identificatie code.

```php
1  <?php
2  /**
3   * Title: Parallax block
4   * Slug: blockthemebasic/parallaxblock
5   * Block types: core/post-content
6   * Categories: featured, text
7   */
8  ?>
9
10 <!-- wp:cover {"url":"<?php echo esc_url( get_template_dire
   panda.jpg","id":127,"hasParallax":true,"dimRatio":0,"minHei
11 <div class="wp-block-cover alignfull is-light has-parallax'
   panda.jpg);min-height:295px"><span aria-hidden="true" class
   container"><!-- wp:paragraph {"align":"center","placeholder
12 <p class="has-text-align-center has-large-font-size"></p>
13 <!-- /wp:paragraph --></div></div>
14 <!-- /wp:cover -->
15
16 <!-- wp:group {"align":"wide","backgroundColor":"gray","cla
17 <div class="wp-block-group alignwide eplus-G3scWo has-gray-
18 <div class="wp-block-columns eplus-xqjuA4"><!-- wp:column
19 <div class="wp-block-column eplus-a3GIv3"><!-- wp:paragraph
20 <p class="eplus-908vzX">Lorem ipsum dolor sit amet, consect
   scelerisque diam luctus gravida. Morbi elementum varius aug
   Sed mollis quam et leo convallis, non semper erat commodo.
21 <!-- /wp:paragraph --></div>
22 <!-- /wp:column -->
23
24 <!-- wp:column {"className":"eplus-F0ek6S"} -->
25 <div class="wp-block-column eplus-F0ek6S"><!-- wp:paragraph
26 <p class="eplus-VUJxzd">Curabitur et nisl ac turpis malesua
   semper, condimentum nisl ac, pretium elit. Ut scelerisque v
   quam.</p>
27 <!-- /wp:paragraph --></div>
28 <!-- /wp:column --></div>
29 <!-- /wp:columns --></div>
30 <!-- /wp:group -->
31
```

Bij * **_Categories :_** wordt aangegeven onder welke categorie het patroon is te vinden namelijk **uitgelicht** (featured) en **tekst**.

Sla het bestand op als **parallaxblok.php** en plaats het bestand in een nieuwe map met de naam **patterns** in de thema folder.

Wil je het thema beschikbaar stellen voor een groot publiek, dan kun je het PHP-bestand aanpassen. Het voorbeeldplaatje is namelijk afkomstig uit de mediabibliotheek. Nadat een gebruiker het thema heeft gedownload en ge-ïnstalleerd, beschikt deze niet over het bijbehorende plaatje. Het is daarom aan te bevelen om de afbeelding als onderdeel op te nemen in het thema.

In de thema folder plaats je een map met de naam **assets**. Daarin maak je een map met de naam **images** aan. In de map images plaats je het voorbeeldplaatje, bijvoorbeeld panda.jpg.

Open het bestand **parallaxblok.php**. Pas regel 10 en 11 aan.

```
10  <!-- wp:cover {"url":"http://blokthema-2.local/wp-content/uploads/2022/07/
 •  2121014271166.jpg","id":127,"hasParallax":true,"dimRatio":0,"minHeight":295,"minHeightUnit":"px"
 •  ,"isDark":false,"align":"full"} -->
11  <div class="wp-block-cover alignfull is-light has-parallax" style="background-image:url(http://
 •  blokthema-2.local/wp-content/uploads/2022/07/2121014271166.jpg);min-height:295px"><span aria-
 •  hidden="true" class="wp-block-cover__background has-background-dim-0 has-background-dim"></
 •  span><div class="wp-block-cover__inner-container"><!-- wp:paragraph
 •  {"align":"center","placeholder":"Titel schrijven...","fontSize":"large"} -->
12  <p class="has-text-align-center has-large-font-size"></p>
13  <!-- /wp:paragraph --></div></div>
14  <!-- /wp:cover -->
```

Hierin vind je een verwijzing naar een achtergrondafbeelding in de Media-bibliotheek.

Ga op zoek naar het **url** van een afbeelding, bijvoorbeeld:
`http://blokthema-2.local/wp-content/uploads/2022/07/image.jpg`

Vervang dit door:

```
<?php echo esc_url( get_template_directory_uri() ); ?>
/assets/images/panda.jpg
```

De php code `<?php echo esc_url` ... `?>` genereert een url van de template directory gevolgd door een forward slash **/** met een verwijzing naar het bestand.

Sla het bestand op.

Ga naar **Dashboard > Pagina's > Nieuwe Pagina**.
Bekijk of het **Patroon** een onderdeel is geworden van het thema.

Het blok patroon **Parallax blok** is te vinden onder de categorie **Uitgelicht** (featured) en **Tekst** (text).

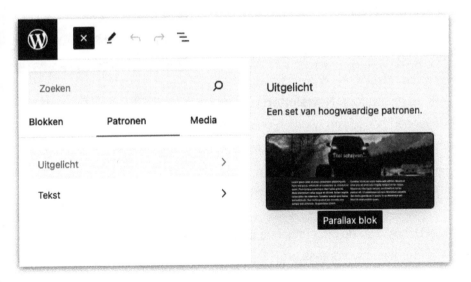

Blok patroon in theme.json

Blok patronen opnemen in een thema kan ook met behulp van het bestand **theme.json**. Het is niet nodig om zelf een patroon te maken. In dit geval wordt gebruik gemaakt van een patroon van **wordpress.org/patterns**. Ga naar de website en selecteer een patroon.

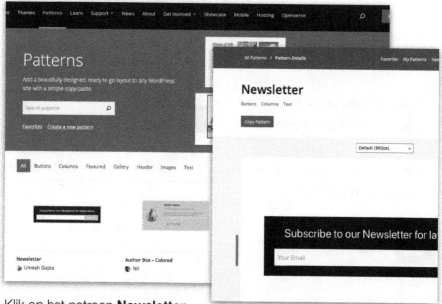

Klik op het patroon **Newsletter**.

Bovenaan het scherm worden de **naam** en **categorieën** (Buttons, Columns en Text) vertoond. In de adresbalk van je browser wordt de volledige URL (slug) vertoond:

`https://wordpress.org/patterns/pattern/`**`newsletter`**`/`

Met behulp van de onderstaande code kun je een verwijzing maken naar een patroon in wordpress.org.

```
{
    "version": 2,
    "patterns": [ "Naam blok patroon", "slug-naam-blok-patroon" ]
},
```

In de code kun je de **naam** en **slug-naam** van het patroon opnemen.

Open het bestand **theme.json**. Voeg de onderstaande code toe na
"version": **2,** . Pas daarna de twee waarden aan. Wil je meer patronen,
gebruik dan een komma na het eerste patroon.

Let op! Het laatste patroon wordt niet afgesloten met een komma. Hieronder het resultaat:

```
"patterns": [
    "Newsletter", "newsletter",
    "Author Box - Colored", "author-box-colored"
],
```

Sla het bestand op. Blok patronen zijn daarna te vinden onder de categorieën **Tekst** en **Call to Action**.

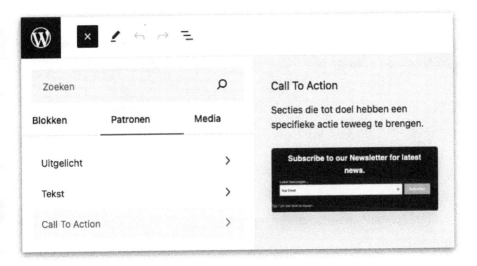

Parallax scrollen

Tijdens het maken van het blok patroon
Parallax blok is bij **Media-instellingen**
van het blok **omslagafbeelding** gekozen
voor een **Vaste achtergrond**.

Hierdoor krijgt de achtergrond van een
omslagafbeelding een vaste positie in de
webpagina. Om het effect te zien is het
belangrijk om voldoende content op te
nemen in een pagina.

Maak een nieuwe pagina aan met de titel **Patroon**.
Plaats in de pagina de volgende patroon blokken:
Parallax blok, **Newsletter** en **Parallax blok**.

Vervang daarna de **cover-afbeeldingen** en pas de **achtergrondkeur** van
de **Newsletter knop** aan. Klik daarna op de knop **Opslaan**.

Voeg de pagina toe aan je navigatie-menu of bekijk het voorbeeld.
Gebruik de scroll-balk om het effect te zien.

Wil je meer weten over pagina opmaak en scroll-effecten, lees dan het
boek **WordPress Gutenberg**. Hierin leer je onder andere hoe je **ankers**
kunt gebruiken om automatisch naar verschillende delen van een pagina
te scrollen.

Carpe Diem

Pattern

Lorem ipsum dolor sit amet, consectetur adipiscing elit. Nunc erat purus, sollicitudin at consectetur at, interdum ac quam. Proin tempus scelerisque diam luctus gravida. Morbi elementum varius augue et ultricies. Nullam sagittis luctus tellus nec bibendum. Curabitur suscipit quis massa sed sollicitudin. Sed mollis quam et leo convallis, non semper erat commodo. Suspendisse potenti.

Curabitur et nisl ac turpis malesuada efficitur. Mauris sit amet eros sit amet odio fringilla tristique at nec neque. Maecenas vitae ligula semper, condimentum nisl ac, pretium elit. Ut scelerisque vel nunc fermentum convallis. Sed mollis gravida ex in iaculis. In eu elementum est. Nunc sit amet porttitor quam.

Subscribe to our Newsletter for latest news.

Your Email	Subscribe

Lorem ipsum dolor sit amet, consectetur adipiscing elit. Nunc erat purus, sollicitudin at consectetur at, interdum ac quam. Proin tempus scelerisque diam luctus gravida. Morbi elementum varius augue et ultricies. Nullam sagittis luctus tellus nec bibendum. Curabitur suscipit quis massa sed sollicitudin. Sed mollis quam et leo convallis, non semper erat commodo. Suspendisse potenti.

Curabitur et nisl ac turpis malesuada efficitur. Mauris sit amet eros sit amet odio fringilla tristique at nec neque. Maecenas vitae ligula semper, condimentum nisl ac, pretium elit. Ut scelerisque vel nunc fermentum convallis. Sed mollis gravida ex in iaculis. In eu elementum est. Nunc sit amet porttitor quam.

WordPress Block Theme

Blok patronen verwijderen

Als je een thema maakt voor een groot publiek, zijn de bijbehorende blok-patronen een belangrijk onderdeel van het geheel.

Met de juiste patronen kan een gebruiker eenvoudig een pagina samenstellen die aansluit bij het thema. Na het invoegen van een patroon is het niet meer nodig om de stijl en opmaak te wijzigen. Het enige wat aangepast wordt, is de inhoud.

Standaard WordPress-patronen sluiten vaak niet goed aan bij het thema. Als het thema bedoeld is voor distributie, is het aan te bevelen om deze patronen te verwijderen.

Open het bestand **functions.php**.
De onderstaande **code toevoegen** en bestand **Opslaan**.

```php
// Remove standard patterns
function btb_theme_support() {
  remove_theme_support('core-block-patterns');
}
add_action('after_setup_theme' , 'btb_theme_support');
```

Ga naar **Dashboard > Pagina's > Nieuwe pagina** en bekijk de overge-bleven **Patronen**.

Met core blok-patronen

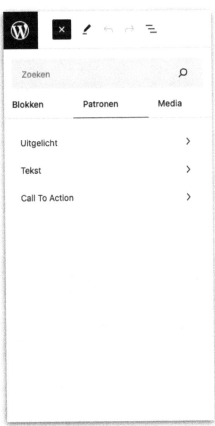

Zonder core blok-patronen

Het aangepaste thema kun je ook downloaden.

wp-books.com/block-theme

blz.148 - patterns

STIJLVARIATIE

Blok thema's kunnen beschikken over één of meer stijlvariaties. Hiermee wordt het mogelijk om binnen één thema te kiezen uit verschillende stijlen. Het lettertype, kleurenpalet en blokken kunnen hiermee van stijl veranderen. De opmaakstructuur van het thema blijft ongewijzigd.

Het thema *Twenty Twenty Two* beschikt over vier stijl combinaties. Stijlvariaties zijn te vinden in **Dashboard > Weergave > Editor > Stijlen**. Selecteer een andere **stijlcombinatie**.

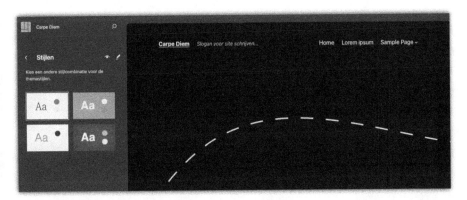

Stijlvariatie in een thema

In dit hoofdstuk ga je een stijlvariant toevoegen aan het thema block theme basic. Deze variant zal het tegenovergestelde kleurschema bevatten. Wat donkergrijs is wordt wit en andersom. Deze variant zal ook een nieuw Google font gebruiken. Het aangepaste thema kun je ook downloaden.

> **wp-books.com/block-theme**
> **blz. 150 - variation**

Stappen:

1. **Dupliceer** theme.json.

2. Het gedupliceerde bestand hernoemen naar **white.json**.

3. **white.json** in een nieuwe folder plaatsen met de naam **styles**.

4. **Open** het bestand **white.json** en pas dit aan.

5. Titel toevoegen, zie voorbeeld.

```
"version": 2,
"title":"White",
```

6. Onder de categorie **typography** - *fontFamily*, *name* en *slug*
   Abril Fatface vervangen door **Lobster** (Slug is zonder hoofdletter).

```
{
    "fontFamily": "\"Lobster\", sans-serif",
    "name": "Lobster",
    "slug": "lobster"
}
```

7. Variabele `--abril-fatface` vervangen door `--lobster`.

```
"typography": {
    "fontFamily": "var(--wp--preset--font-family--lobster)"
}
```

8. Onder de categorie **settings >**
   palette de kleurcode wisselen.
   `#ffffff` wordt `#3e3e3e`
   en andersom.

9. Bestand **Opslaan**.

```
"palette": [
    {
        "slug": "foreground",
        "color": "#3e3e3e",
        "name": "foreground"
    },
    {
        "slug": "background",
        "color": "#ffffff",
        "name": "background"
    }
],
```

Omdat er een folder **styles** met het bestand **white.json** is toegevoegd aan het thema, wordt een stijlcombinatie automatisch herkend door Word-Press.

Het nieuwe lettertype **Lobster** moet nog wel worden aangemeld in het bestand **functions.php**.

1. Open het bestand **functions.php**.
2. **Kopieer** de regel `wp_enqueue_style( ... );`.
3. **Plak** deze op de volgende regel.
4. Plaats achter `google-fonts` een nummer (1 of 2).
5. Daarna in de **URL** het `font-naam` aanpassen.

```
// Define fonts
function google_fonts() {
    wp_enqueue_style( 'google-fonts1', 'https://fonts.googleapis.com/css2?family=Abril+Fatface&displa
    wp_enqueue_style( 'google-fonts2', 'https://fonts.googleapis.com/css2?family=Lobster&display=swap
}
add_action( 'wp_enqueue_scripts', 'google_fonts' );
```

6. Bestand **Opslaan**.

Daarna in de **stylesheet** kleurcodes vervangen door variabelen.
Het responsive menu wordt hiermee ook aangepast na een stijlverandering.

1. Open **style.css**.
2. Kleurcodes vervangen door variabelen.
#fff wordt `var(-wp-preset--color--foreground)`.
#eee wordt `var(-wp-preset--color--background)`.

```
.wp-block-navigation:not(.has-background) .wp-block-navigation__submenu-container {
    color: var(--wp-preset--color--foreground);
}
```

Ga naar **Dashboard > Weergave > Editor**. Klik op **Stijlen**.

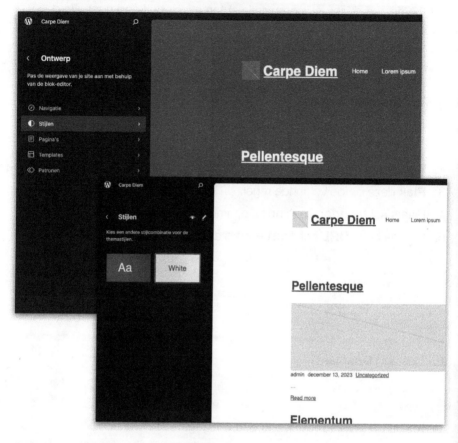

Selecteer de stijl combinatie **White**. Klik op **Opslaan** (onderaan) en bekijk de website.

Door gebruik te maken van **variabelen** in plaats van kleurcodes hoef je in dit geval maar één keer een kleurcode aan te passen. Uiteraard kun je dit ook toepassen voor een fontFamily en fontSize.

Een gebruiker kan de stijlvariant aanpassen door op **Stijlen bewerken** (potlood icoon) te klikken.

STIJL-OPTIES TOEVOEGEN

Vanuit een **pagina editor** werk je met standaard blok elementen zoals een paragraaf, kop, lijst, quotes etc. Wil je ervoor zorgen dat deze blok elementen aansluiten op het thema dan kun je dit voorzien van extra stijl-opties. Hiermee kan een gebruiker zelf bepalen welke stijl wordt toegepast.

Om te zien of de blokken passen bij het thema, kun je het volgende doen: maak een nieuwe pagina aan en plaats tekstblokken. Bekijk vervolgens de website om te zien welke blokken extra stijl-opties kunnen gebruiken.

Als voorbeeld gaan we de stijl-opties van het blok **Citaat** uitbreiden. Nadat het blok is opgenomen in een pagina, zijn in de rechterkolom onder **Blok-instellingen > Stijlen**, twee stijlen te zien nl. **Standaard** en **Eenvoudig**.

Het is ook mogelijk om de standaard stijl te vervangen door een nieuwe stijl. In dit hoofdstuk gaan we het blok voorzien van een extra stijl-optie.

Tip: Als het thema wordt gemaakt voor een grote groep gebruikers, is het aan te raden om de standaard-optie te vervangen. Na het toevoegen van een blok wordt direct de nieuwe stijl toegepast.

Het aangepaste thema kun je ook downloaden:

wp-books.com/block-theme

blz. 156 - style-options

Voordat je het thema gaat aanpassen is het handig te weten wat je gaat maken. Kijk eerst naar verschillende CSS-quotes. In dit geval gaan we het blok voorzien van een achtergrondkleur met afgeronde hoeken.

Er wordt een "quote"-teken voor en na het citaat weergegeven.

functions.php

Open het bestand **functions.php** en voeg de onderstaande code toe.

```php
// reference to quote stylesheet
add_action('init', function() {
  wp_enqueue_style( 'blockthemebasic-quote',
  get_template_directory_uri() . '/assets/css/btb-quote.css',
  array(),
  wp_get_theme()->get( 'Version' ) );
});

// reference to editor.js
function btb_gutenberg_scripts() {

  wp_enqueue_script(
    'btb-editor',
    get_stylesheet_directory_uri() . '/assets/js/editor.js',
    array( 'wp-blocks', 'wp-dom' ),
    filemtime( get_stylesheet_directory() . '/assets/js/editor.js' ),
    true
  );
}
add_action( 'enqueue_block_editor_assets', 'btb_gutenberg_scripts' );
```

In de code is een verwijzing opgenomen naar een nieuwe **stylesheet**.
Daaronder is een verwijzing opgenomen naar een **.js** bestand.

editor.js

Open een code editor en maak een nieuw bestand aan.

Plaats de onderstaande code en sla het bestand op als **editor.js**.

```
1   // adding block style
2   wp.blocks.registerBlockStyle(
3     'core/quote',
4     [{
5       name: 'btb-quote',
6       label: 'BTB Quote',
7     }]
8   );
```

Plaats daarna het bestand in de folder **assets > js**.

Met dit bestand wordt een nieuwe blokstijl geregistreerd.

name: 'btb-quote' selector-naam die je in CSS kunt gebruiken.

label: 'BTB Quote' naam in de Editor onder **Opties > Stijlen**.

WordPress genereert met deze code een class-naam **.is-style-btb-quote**.
Dit is in het CSS bestand nodig om het nieuwe citaat blok de juiste eigenschappen mee te geven.

Stylesheet

Maak een nieuwe stylesheet aan met de naam **btb-quote.css**. Voeg de onderstaande code toe. Plaats het bestand in de folder **assets > css**.

```css
1   /* BTB Quote */
2   blockquote.wp-block-quote.is-style-btb-quote{
3       font-size: 18px;
4       font-style: italic;
5       padding: 50px 60px 30px 55px;
6       line-height:1.6;
7       position: relative;
8       border-left: 0;
9       color: var(--wp--preset--color--background);
10      background-color: var(--wp--preset--color--foreground);
11      -webkit-border-radius: 25px;
12      -moz-border-radius: 25px;
13      border-radius: 25px;
14  }
15
16  blockquote.wp-block-quote.is-style-btb-quote::before{
17      content: "\201C";
18      font-size:4em;
19      position: absolute;
20      left: 20px;
21      top:0px;
22  }
23
24  blockquote.wp-block-quote.is-style-btb-quote::after{
25      content: "\201D";
26      font-size:4em;
27      position: absolute;
28      right: 40px;
29      bottom:-20px;
30  }
```

Zoals je kunt zien is de class **.is-style-btb-quote** toegevoegd aan de selectors. Hiermee wordt de opmaak alleen toegepast op een Citaat blok met de stijl **BTB Quote**.

Let op: een class-naam begint altijd met een '**.**' punt.

Stijl toepassen

Open een nieuwe pagina en plaats drie citaat blokken.

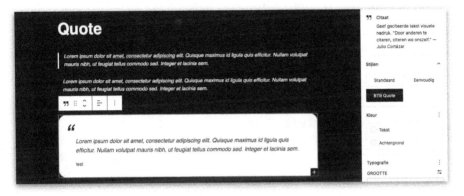

In het voorbeeld zijn alle stijl-opties toegepast. In het laatste blok met de stijl **BTB Quote**, wordt het afsluitende quote teken niet in de editor vertoond, aan de voorkant van de site is deze wel te zien.

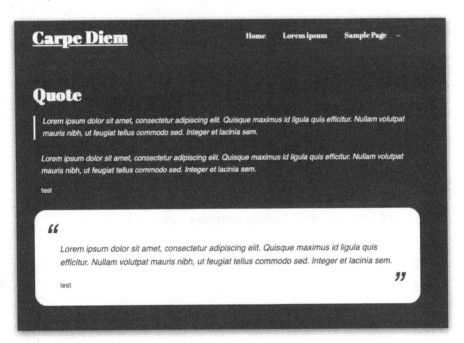

Blok stijl optie verwijderen

Wil je een standaard blok-optie verwijderen, dan kun je de code in het bestand **editor.js** aanpassen. Open het bestand en voeg extra code toe.

```
 1  // block style options
 2  wp.domReady(() => {
 3  // remove block style
 4    wp.blocks.unregisterBlockStyle(
 5      'core/quote',
 6      ['plain']
 7    );
 8  });
 9
10  // adding block style
11  wp.blocks.registerBlockStyle(
12    'core/quote',
13    [{
14      name: 'btb-quote',
15      label: 'BTB Quote',
16    }]
17  );
```

| Voorbeeld | Updaten | ⚙ | ⋮ |

| Pagina | Blok | × |

> Citaat

Geef geciteerde tekst visuele nadruk. "Door anderen te citeren, citeren we onzelf." — Julio Cortázar

Stijlen ⌃

| Standaard | BTB Citaat |

Daarna het bestand **Opslaan**.
Bekijk de editor.

Zoals je ziet is de stijl-optie **Zonder opmaak** verwijderd.

Na het invoegen van een nieuw Citaat blok wordt de **Standaard** opmaak toegepast.

Blok stijl vervangen

Is het de bedoeling dat de BTB Quote stijl als **Standaard** stijl wordt toegepast, dan is het niet nodig om alle handelingen beschreven in de vorige
hoofdstukken uit te voeren. In dat geval kun je de CSS stijlen direct in het
bestand **style.css** opnemen.

Daarna de class-naam `.is-style-btb-quote` vervangen voor
`.is-style-default`.

```
1    /* BTB Quote */
2    blockquote.wp-block-quote.is-style-btb-quote{
3        font-size: 18px;
4        font-style: italic;
5        padding: 50px 60px 30px 55px;
6        line-height:1.6;
7        position: relative;
8        border-left: 0;
9        color: var(--wp--preset--color--background);
10       background-color: var(--wp--preset--color--foreground);
11       -webkit-border-radius: 25px;
12       -moz-border-radius: 25px;
13       border-radius: 25px;
14   }
15
16   blockquote.wp-block-quote.is-style-btb-quote::before{
17       content: "\201C";
18       font-size:4em;
19       position: absolute;
20       left: 20px;
21       top:0px;
22   }
23
24   blockquote.wp-block-quote.is-style-btb-quote::after{
25       content: "\201D";
26       font-size:4em;
27       position: absolute;
28       right: 40px;
29       bottom:-20px;
30   }
```

Core Blokken

Wanneer je in de broncode een aantal blok-eigenschappen gaat aanpassen, is het goed om te weten welke blok-namen er worden gebruikt. Door de vertaling is het niet eenvoudig om de originele namen te achterhalen. Hieronder vind je een lijst van een aantal Core-blokken:

core/archives

core/audio

core/button

core/buttons

core/calendar

core/categories

core/code

core/column

core/columns

core/cover

core/file

core/latest-comments

core/latest-posts

core/legacy-widget

core/gallery

core/group

core/heading

core/image

core/list

core/media-text

core/more

core/navigation

core/navigation-link

core/nextpage

core/paragraph

core/preformatted

core/pullquote

core/quote

core/rss

core/search

core/separator

core/shortcode

core/social-link

core/social-links

core/spacer

core/subhead

core/table

core/tag-cloud

core/text-columns

core/verse

core/video

core/widget-area

Classes

Zoals je inmiddels weet hebben blok-elementen en blok-stijlen een eigen class-naam. Deze kun je gebruiken om de opmaak aan te passen of om een nieuwe stijl te maken.

Voorbeeld, Blok **Citaat**.
Blok Core naam: **core/quote**.
Blok Class naam: **wp-block-quote**.
Blok Stijl - Standaard, Class naam: **default**.
Blok Stijl - Zonder opmaak, Class naam: **plain**.

Nadat dit blok met een gekozen stijl is opgenomen in een pagina, wordt in de HTML code een class naam gegenereerd, bijvoorbeeld:
`class="wp-block-quote `**`is-style-default`**`"`

Om blokken te voorzien van stijl-eigenschappen kun je in dit geval drie classes gebruiken:

`.wp-blokquote` (zonder stijl)
`.is-style-default` (standaard)
`.is-style-plain` (zonder opmaak)

In het hoofdstuk *Blok stijl vervangen* zijn een aantal classes toegepast.

Wil je weten welke class-namen worden gegenereerd, dan kun je het volgende doen. In dit voorbeeld wordt het blok Citaat gebruikt.

Maak een nieuwe pagina aan en plaats daarin drie Citaat blokken.
Stijl-opties voor de drie blokken:
Blok 1 - **geen stijl**, Blok 2 - **standaard** en blok 3 - **zonder opmaak**.

Ga naar **Opties** (3 puntjes) **> Code editor**.

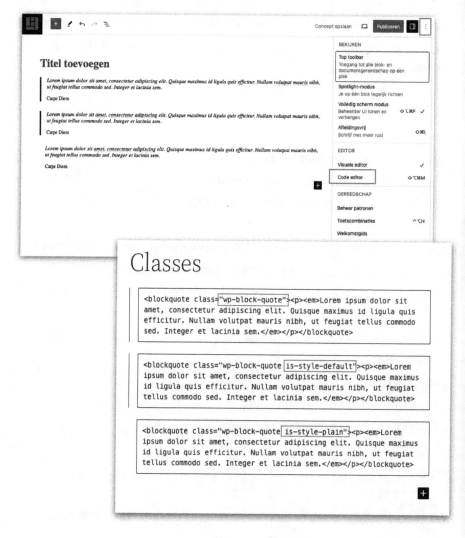

Zoals je in de HTML code kunt zien, is in het attribuut **class** te zien welke class-naam is gegenereerd.

Een thema is meer dan alleen de schil van een website. Door blok-elementen te laten aansluiten op het thema zorg je voor uniformiteit. Deze extra accenten maken een website leuk en interessant. Met behulp van extra blok-stijlen zorg je voor diversiteit. Een gebruiker krijgt hiermee voldoende keuze voor het samenstellen van pagina's en berichten.

Wil je stijl-opties voor blok-elementen dan weet je inmiddels hoe je dit kunt doen. Als extra oefening mag je zelf stijlen maken voor het blok **Lijst**.

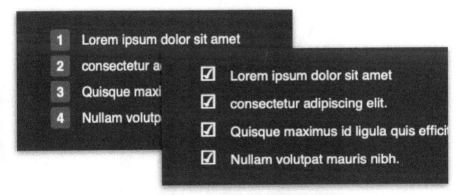

Let op! Een lijst is genummerd <ol> of ongenummerd <ul>. Er is veel variatie mogelijk. In het voorbeeld bestand zijn lijst-stijlen opgenomen.

Ben je op zoek naar de juiste CSS code, gebruik dan een zoekmachine. Met de juiste trefwoorden vind je snel resultaat: *list style CSS*...
Of ga naar: *https://sharkcoder.com/blocks/list*.

Tip: Maak je een thema met **stijl-opties** zorg er dan voor dat deze ook passend zijn voor **stijl variaties**.

Wil je meer weten over HTML en CSS ga dan naar:
https://www.w3schools.com.

BLOK THEMA ANIMATIE

Met een statisch thema kun je met kleur en formaat duidelijk aangeven welke onderdelen belangrijk zijn voor een site bezoeker. Met beweging kun je dit effect versterken. Hierdoor krijgt een blok-element extra aandacht waardoor een bezoeker sneller informatie opneemt. Een thema wordt hierdoor dynamisch en leuk.

Er zijn vele soorten effecten mogelijk, maar let op, maak er geen kermis van. Zorg ervoor dat een animatie bijdraagt aan de structuur en leesbaarheid van een website.

Omdat het blok thema is opgebouwd uit HTML-templates, is het redelijk eenvoudig om dit te voorzien van effecten, waaronder animatie.

Voordat je dit gaat uitvoeren is het handig om te weten welk effect je wil toepassen. In dit hoofdstuk wordt gebruik gemaakt van twee effecten: *Fade In* en *TypWriter* effect. Er zijn genoeg CSS voorbeelden te vinden op het internet.

In dit thema worden templates voorzien van een **Fade in** effect. Dit is te zien wanneer een pagina of bericht wordt geladen. Tijdens het inladen verschijnt de titel met behulp van een **TypeWriter** effect.

De codes kun je ook downloaden

> **wp-books.com/block-theme**
> **blz. 168 - animation**

```
/* Animatie Fade In */
.fade-in-text {
  animation: fadeIn 3s;
}

@keyframes fadeIn {
  0% {
    opacity: 0;
  }

  100% {
    opacity: 1;
  }
}

/* Animation TypeWriter - Note: title of
.anim-typewriter {

  overflow: hidden;
  animation: typing 4s steps(100, end);
  white-space: nowrap;
  box-sizing: border-box;
}

.anim-typewriter a {
  text-decoration: none;
}

@keyframes typing {
  from {
    width: 0%
  }

  to {
    width: 100%
  }
}
```

Download en open het bestand **animatie.css**.

In de CSS code is een **Class** met de naam `.fade-in-text` op-genomen. Daarin is de animatie **fadeIn** en tijdsduur opgenomen.

Bij `@keyframes fadeIn` is aan-gegeven met welke transparantie waarde het begint en eindigt.

Daaronder vind je de **Class** `.anim-typewriter`. Hierin is de animatie **typeWriter** en tijds-duur opgenomen.

Bij `@keyframes typing` is aangegeven met welke breedte het tekstblok begint en eindigt.

Kopieer de code.

Ga nu naar de thema folder en plak dit in het bestand **style.css**.

Ga daarna naar **Dashboard > Weergave > Editor.**
De **index pagina** wordt vertoond. Klik op de pagina om het te bewerken.

Maak gebruik van **Lijstweergave** om de structuur-opbouw te zien.

Vanuit **Lijstweergave** selecteer je het blok **Bericht template**.

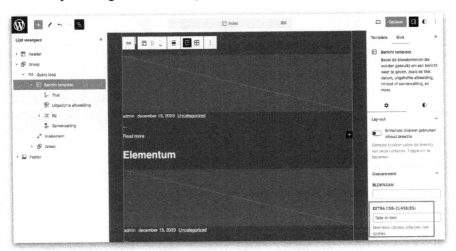

In de rechterkolom onder **Blok Instellingen** (tandwiel icoon) > **Geavanceerd - EXTRA CSS-CLASS(ES)** plaats je de class-naam **fade-in-text**.
Let op, in dit tekstveld wordt een class-naam zonder een punt gebruikt.

Ga daarna terug naar **Lijstweergave** en selecteer het blok **Titel**.

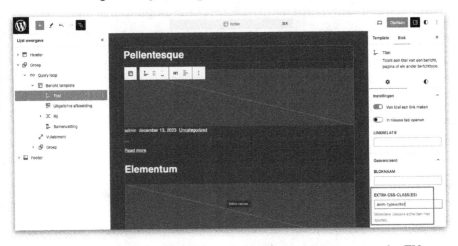

In de rechterkolom onder **Blok eigenschappen > Geavanceerd - EX-
TRA CSS-CLASS(ES)** plaats je de class-naam **anim-typewriter**.

Klik op de knop **Opslaan** en bekijk de website.

Wil je dat de animaties op andere templates worden toegepast dan kun je dit proces herhalen.

Ontbreekt er in een template het blok **Bericht template** dan kun je het blok **Groep** gebruiken voor een **fade-in-text** effect.

Let op! Nadat de class-naam **anim-typewriter** is ingevoerd kan het voorkomen dat de positie van het blok **Titel** veranderd. Mocht dit gebeuren dan kun je het blok **Titel** in een nieuw blok **Groep** plaatsen.

Op de volgende pagina zie je een schermafbeelding van de template **Pagina's**. Met behulp van **Lijstweergave** is de nieuwe structuur te zien.

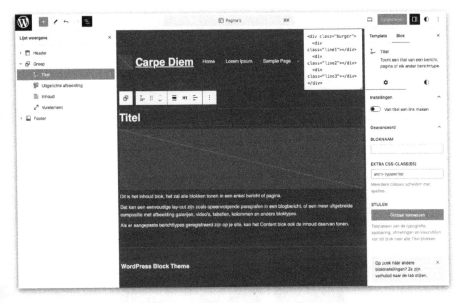

Zijn alle **Templates** aangepast, klik dan op de knop **Opslaan** en bekijk de
website.

BLOK THEMA EXPORTEREN

Tijdens het ontwikkelen van een blok thema worden **structurele** en **stijl-aanpassingen** vanuit de site-editor niet in de broncode opgeslagen. Daarom is het mogelijk is om een thema te resetten. Pas nadat het thema is geëxporteerd, worden deze wijzigingen wel in de broncode opgenomen.

Als je klaar bent met het thema, dan wordt het tijd om dit te exporteren. Ga naar **Dashboard > Weergave > Editor**. De **index pagina** wordt vertoond. Klik op de pagina om het te bewerken. Ga naar **Opties**, 3 puntjes rechtsboven en selecteer **Exporteren**.

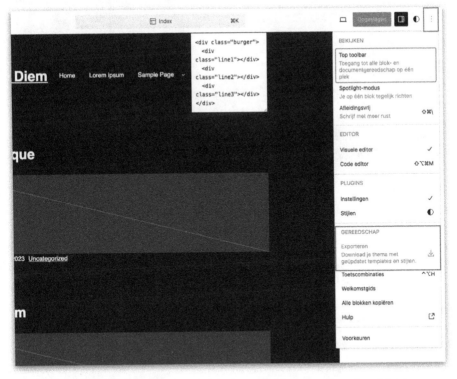

Het thema is daarna te vinden als **zip** bestand in een **download** folder.

Een gebruiker kan met dit bestand het thema installeren en activeren. Als je wilt dat het thema wordt opgenomen in de thema-bibliotheek van WordPress.org/themes, moet het eerst worden aangemeld. Pas na een grondige beoordeling en goedkeuring wordt het thema vrijgegeven.

Een vereiste voor aanmelding is dat een bestand met de naam **readme.txt** in de map van het thema is opgenomen.

Een voorbeeld is te vinden in het thema Twenty Twenty Two.

```
=== Twenty Twenty-Two ===
Contributors: wordpressdotorg
Requires at least: 5.9
Tested up to: 6.0
Requires PHP: 5.6
Stable tag: 1.2
License: GPLv2 or later
License URI: http://www.gnu.org/licenses/gpl-2.0.html

== Description ==

Built on a solidly designed foundation, Twenty Twenty-Two embraces the idea that everyone
deserves a truly unique website. The theme's subtle styles are inspired by the diversity
and versatility of birds: its typography is lightweight yet strong, its color palette is
drawn from nature, and its layout elements sit gently on the page.

The true richness of Twenty Twenty-Two lies in its opportunity for customization. The theme
is built to take advantage of the Full Site Editing features introduced in WordPress 5.9,
which means that colors, typography, and the layout of every single page on your site can
be customized to suit your vision. It also includes dozens of block patterns, opening the
door to a wide range of professionally designed layouts in just a few clicks.

Whether you're building a single-page website, a blog, a business website, or a portfolio,
Twenty Twenty-Two will help you create a site that is uniquely yours.
```

Zorg ervoor dat het thema voldoet aan alle eisen en neem alle richtlijnen door voordat je het thema gaat uploaden.

Meer informatie:

https://wordpress.org/themes/getting-started.

Thema uploaden:

https://wordpress.org/themes/upload.

Met de komst van de site-editor en het gemak waarmee een blokthema wordt gemaakt, zullen er in de nabije toekomst veel blokthema's verschijnen.

Momenteel zijn er nog veel WordPress-sites die klassieke thema's gebruiken. Het zal nog enige tijd duren voordat deze volledig worden vervangen.

Het volledig aangepaste thema kun je ook downloaden.

wp-books.com/block-theme
blz. 176 - blockthemebasic

HET WIEL OPNIEUW UITVINDEN?

Inmiddels weet je welke stappen je moet ondernemen om een WordPress blok thema te maken. Met deze kennis is het zelfs mogelijk om bestaande blok thema's aan te passen.

Door blok thema's te downloaden en te bestuderen, kun je zien hoe thema makers dit hebben opgezet. In sommige gevallen is het voorzien van Java-Script of een toegevoegd Letter-type. Andere thema makers maken gebruik van SASS, een variant van CSS.

Er zijn inmiddels vele basis blok thema's beschikbaar die speciaal zijn gemaakt voor het opzetten van je eigen thema. WordPress noemt deze een **Base Theme** of een **Block Based Starter Theme**. Een kenmerk van een starter theme is dat het een aantal basis-stijlen en -functies bevat. Het doel van een base theme is om dit verder te ontwikkelen tot een volwaardig eindproduct.

Werken met een Base Theme is niet meteen plug and play. Het kost tijd om de structuur, functies en stijlen ervan te begrijpen.

WordPress beschikt ook over een Base Theme met de naam **Blockbase**. Deze kun je downloaden: *https://wordpress.com/theme/blockbase* of vanuit **Dashboard > Weergave > thema's**.

Het thema **Blockbase** heeft interessante onderdelen die je kunt integeren in je eigen website. Het is niet nodig om het thema verder te ontwikkelen. Je kunt ook een aantal onderdelen hiervan gebruiken.

Installeer en **Activeer** het thema **Blockbase** by Automattic. Ga daarna naar **Dashboard > Weergave > Editor** en bekijk de index pagina.

Vanuit de rechterkolom **Stijlen > Typografie > Lettertype** is het mogelijk om te kiezen uit een grote selectie van lettertypes (activeer eerst *Lettertype familie* m.b.v. *typografie opties - 3puntjes*).

Wil je dezelfde functie in je eigen thema, dan kun je het volgende doen. Ga naar de thema folder van **Blockbase** en bekijk de folderstructuur.

Zoals je kunt zien is de folder **fonts** te vinden in de folders **inc** en **assets**.

Een functie toevoegen gebeurt met **func-tion.php**. Vanuit theme.json is aangegeven welke lettertypes er worden gebruikt.

Volg het pad

> **Maak een nieuwe WordPress site aan.**
> **Installeer** en **Activeer** het thema **blockthemebasic - blz. 76.**

Nadat je de Blokbase folder structuur heb bekeken, is in grote lijnen duidelijk welke folders je hiervoor nodig hebt. Meer zekerheid heb je door het pad te volgen.

Ga naar het thema folder **Blockbase** en open het bestand **functions.php.**

```
98
99    require get_template_directory() . '/inc/fonts/custom-fonts.php';
100
```

Zoals je kun zien is een verwijzing opgenomen naar de folder:
inc/fonts/custom-fonts.php.
Kopieer deze regel en **plak** dit in **functions.php** van je eigen thema.
Kopieer daarna de folder **inc** en **plak** dit in je eigen thema.

Open daarna het bestand **custom-fonts.php.**

```
21    function get_style_css( $slug ) {
22        $font_face_file = get_template_directory() . '/assets/fonts/' . $slug . '/font-face.css';
23        if ( ! file_exists( $font_face_file ) ) {
24            return '';
25        }
26        $contents = file_get_contents( $font_face_file );
27        return str_replace( 'src: url(./', 'src: url(' . get_template_directory_uri() . '/assets/fonts/' . $slug . '/',
      $contents );
28    }
```

Hierin wordt verwezen naar een folder **assets/fonts. Kopieer** de folder **fonts** en **plak** dit in de folder **assets** van je eigen thema.

Open het **Blockbase** bestand **theme.json**.

```
344      "typography": {
345        "fontFamilies": [
346          {
347            "fontFamily": "-apple-system, BlinkMacSystemFont, 'Segoe UI',
348            "slug": "system-font",
349            "name": "System Font"
350          },
351          {
352            "fontFamily": "Arvo, serif",
353            "slug": "arvo",
354            "name": "Arvo",
355            "provider": "blockbase-fonts"
356          },
357          {
358            "fontFamily": "'Bodoni Moda', serif",
359            "slug": "bodoni-moda",
360            "name": "Bodoni Moda",
361            "provider": "blockbase-fonts"
362          },
363          {
364            "fontFamily": "Cabin, sans-serif",
365            "slug": "cabin",
366            "name": "Cabin",
367            "provider": "blockbase-fonts"
368          },
```

Vanaf regel 344 onder **settings > typography** zijn de **fontFamilies** opgenomen. **Kopieer** de regels 344 t/m 542.

Open het bestand **theme.json** van het thema **blockthemebasic**. **Selecteer** de categorie **typography** en **plak** de code.

Daarna mag je de overbodige bestanden verwijderen uit de folders **assets** , **inc** en **customizer**.

```
v  assets
   >  fonts
      functions.php
v  inc
   v  customizer
         wp-customize-fonts.php
   >  fonts
>  parts
   screenshot.png
   style.css
>  templates
   theme.json
```

Ga naar de site-editor en bewerk de **index** pagina. Vanuit de rechterkolom **Stijlen > Typografie > Tekst** is het mogelijk om te kiezen uit een grote selectie van lettertypes. Activeer eerst **Lettertype familie** m.b.v. **typografie opties** - 3puntjes.

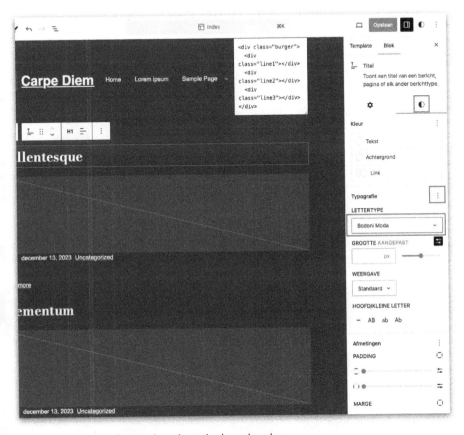

Het aangepaste thema kun je ook downloaden.

wp-books.com/block-theme
blz. 182 - blockthemebasic

BLOK THEMA GENERATOR

In het vorige hoofdstuk is beschreven dat het mogelijk is om te beginnen met een starter thema. Een starter thema heeft over het algemeen een bepaalde stijl, structuur en functies. Dit kan een voordeel of nadeel zijn.

Het is een voordeel wanneer het thema de juiste onderdelen bevat. Als dit niet het geval is, kost het extra tijd om dit te verwijderen en aan te passen.

Je kunt ook gebruik maken van een **Blok Thema Generator**. Hiermee genereer je een thema met minimale stijl of zelfs zonder opmaak. Je mag zelf bepalen met welke custom templates, templates en parts je gaat beginnen.

Een Generator Starter Thema bevat alleen de noodzakelijke bestanden. Een webbouwer hoeft nu alleen een eigen stijl en functies toe te voegen.

Inmiddels zijn er een aantal blok thema generators beschikbaar die je kunnen helpen.

Themegen

Ga naar *www.themegen.app* en meld je aan. Nadat een link is toegestuurd kun je met deze generator **code** aanmaken voor theme.json.

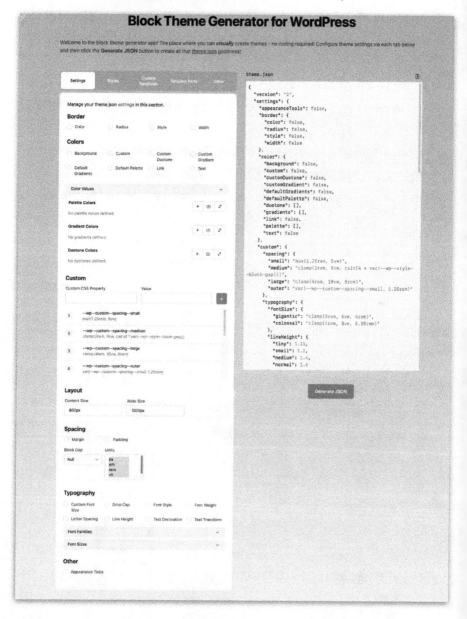

Met behulp van tabbladen zijn de categorieën van theme.json visueel zichtbaar gemaakt. Hierdoor wordt het eenvoudig om invulling te geven aan de verschillende onderdelen.

De code wordt pas gegenereerd nadat er op de knop **Generate JSON** is geklikt. Daarna mag je de code kopiëren en plakken in een eigen theme.json bestand.

De overige bestanden zoals style.css, functions.php, custom templates, templates en parts kun je daarna zelf handmatig toevoegen aan het thema.

Het theme.json bestand kun je ook toevoegen aan een thema dat gegenereerd is door andere Generators. Deze leveren een complete starter thema, maar maken geen gebruik van een interface zoals die van Themegen.

Full Site Editing - Block theme generator

Ga naar *www.fullsiteediting.com/block-theme-generator*.

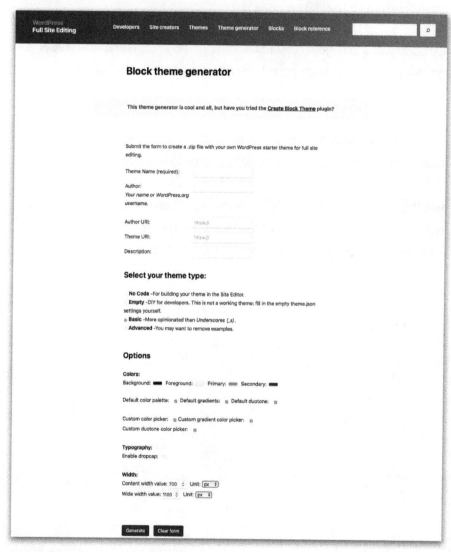

Maak gebruik van het formulier en selecteer één van de starter thema's.
Er zijn vier starter thema's beschikbaar:

1. **No Code** - Voor het bouwen van een thema met de site-editor.
   Voor thema makers die met een leeg thema wil starten.

2. **Empty** - Dit is geen werkend thema, hier vul je zelf de lege instellingen
   van theme.json in. Dit thema bestaat uit zes templates en heeft geen
   blokpatronen of -stijlen.

3. **Basic** - Bestaat uit zes templates, twee template parts en drie blok-patronen en een aantal blok-stijlen. Theme.json is gedeeltelijk voorzien van
   een aantal algemene stijlen.

4. **Advanced** - Bestaat uit zeven templates en vijf template parts. Verder
   heeft het zeven blok-patronen en een aantal blok-stijlen. Theme.json is
   gedeeltelijk voorzien van een aantal algemene stijlen. Daarnaast is het
   thema voorzien van een aantal extra functies.

Selecteer een type en maak gebruik van een aantal stijlopties zoals kleuren,
initiaal en breedte. Klik daarna op de knop **Generate**.

De thema's *Basic* en *Advanced* zijn voorzien
van een aantal extra bestanden, waardoor
een thema snel laadt en andere protocollen
efficiënt functioneren. Je mag deze verwijderen
of laten staan.

De thema's *No Code* en *Basic* zijn ideaal om mee te starten.
Je mag daarna zelf bepalen wat je hieraan toevoegt.

Wil je globale stijlen toevoegen die gemaakt zijn met Themegen, dan kun je
de theme.json code vervangen.

Them.es

Ga naar *https://them.es/starter-fse.*

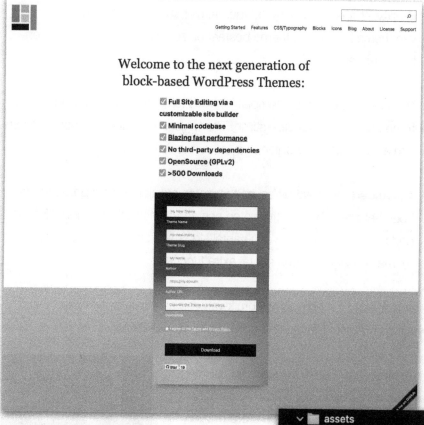

Vul het formulier in en klik op
de knop **Download**.

Een starter thema is daarna te vinden in je
download folder. Ook hier zijn een aantal bestanden opgenomen die je mag laten staan of
verwijderen. Het advies is, als je niet weet wat
het doet dan kun je dit beter verwijderen.

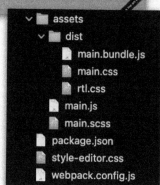

Let op! Verwijder je een aantal bestanden, vergeet dan niet om het bestand **functions.php** aan te passen. Functies waarin de naam van het verwijderde bestand is opgenomen, mogen ook worden verwijderd.

Zie voorbeeld van een functie dat mag worden verwijderd:

```
18   /**
19    * Add theme support.
20    */
21   function fse_gen_basic_setup() {
22     add_theme_support( 'wp-block-styles' );
23     add_editor_style( './assets/css/style-shared.min.css' );
24
25     /*
26      * Load additional block styles.
27      * See details on how to add more styles in the readme.txt.
28      */
29     $styled_blocks = [ 'button', 'file', 'quote', 'search' ];
30     foreach ( $styled_blocks as $block_name ) {
31       $args = array(
32         'handle' => "fse-gen-basic-$block_name",
33         'src'    => get_theme_file_uri( "assets/css/blocks/$block_name.min.css" ),
34         'path'   => get_theme_file_path( "assets/css/blocks/$block_name.min.css" ),
35       );
36       // Replace the "core" prefix if you are styling blocks from plugins.
37       wp_enqueue_block_style( "core/$block_name", $args );
38     }
39   }
40   add_action( 'after_setup_theme', 'fse_gen_basic_setup' );
41
```

Wil je globale stijlen toevoegen die gemaakt zijn met Themegen, dan kun je de theme.json-code vervangen. Let op, de namen van de thema-bestanden worden uiteraard niet vervangen.

BLOK THEMA PLUGIN

Als je een blok thema hebt geactiveerd dat afkomstig is van het WordPress thema bibliotheek en vervolgens de **broncode** gewijzigd, dan worden na een thema update alle wijzigingen hersteld. Voor de duidelijkheid, het gaat om wijzigingen in de broncode, niet vanuit de site-editor.

Om dit probleem te voorkomen kun je van een thema een Child Theme maken. In het child theme ook wel sub thema genoemd, mag je het thema volledig aanpassen. Het overerft alle eigenschappen van het hoofd thema. Hiermee kun je functies, stijlen, templates en parts wijzigen of toevoegen. Een thema-update heeft geen invloed op het child theme.

WordPress heeft inmiddels een plugin ontwikkeld waarmee het mogelijk is om van een blok thema een Blok Child Theme te maken. De plugin die hiervoor kan worden gebruikt, heet **Create Block Theme**. Laten we eens kijken naar de verschillende mogelijkheden van deze plugin.

Deze plugin doet meer dan alleen het maken van een child theme.
Het kan je ook helpen bij verdere ontwikkeling van je eigen blok thema.
Om de plugin te gebruiken, is het belangrijk dat je eerst een blok thema activeert.

Installeren en Activeren

Ga naar **Dashboard > Plugins** en installeer en activeer de plugin
Create Block Theme.

Ga daarna naar **Dashboard > Weergave > Create Block Theme**.

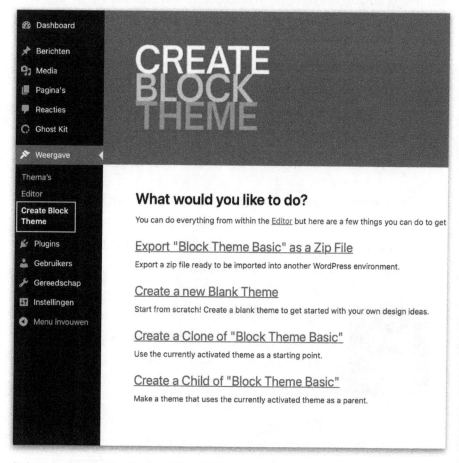

In het dashboard is **Create Block Theme** opgenomen.

Onder **Create Block Theme** heb je de volgende mogelijkheden:

1. **Export ... as a Zip File.**
Nadat het actieve thema is aangepast kun je dit exporteren.

2. **Create a new Blank Theme**.
Met deze optie wordt een leeg Starter Thema gemaakt. Dit is daarna te vinden in de folder **wp-content > themes** van je WordPress installatie.
Voor meer info zie hoofdstuk *Block Based Starter Theme*.

3. **Create a Clone of ...**
Nadat het thema is aangepast kun je met deze optie het thema exporteren onder een nieuwe naam. Het thema is daarna niet meer afhankelijk van het hoofd thema.

4. **Create a Child of ...**
Met deze optie maak je een Child Theme van het actieve thema.
Daarna kun je het Child Theme activeren en aanpassen. Dit mag ook onder de motorkap.

Blok thema ontwikkelen

Heb je gekozen voor de optie **Blank**, **Clone** en **Child theme** dan verschijnen er een aantal velden waarin je thema informatie kan invoeren.

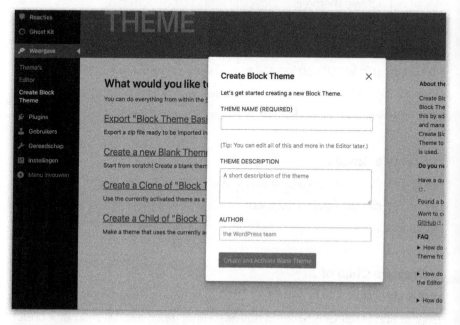

Als je hebt gekozen voor de optie **Export ... as a Zip File**, dan is het thema te vinden in de folder **Downloads**. Voordat je dit verder gaat ontwikkelen moet het eerst worden **geïnstalleerd** en **geactiveerd**.

Als je hebt gekozen voor de optie **Create a new Blank Theme**, kun je dit direct activeren vanuit **Dashboard > Weergave > Thema's**. De thema folder is te vinden in de site folder.

Op de volgende pagina's wordt de plugin praktisch toegepast.

Blank theme

1. Zorg dat een **blok thema** is **geactiveerd**.

2. Ga naar **Dashboard > Weergave > Create Block Theme**.

3. Selecteer **Create a new Blank Theme**.

4. Geef het de naam **Starter Blank** en vul de nodige gegevens in.

5. Klik op de knop **Create and Activate**.

6. Ga naar **Dashboard > Weergave > Editor**.

7. Header-breedte aanpassen. Selecteer **header > Groep**, bij blok opties activeer **Binnenste blokken gebruiken inhoud breedte**. Als het blok Groep niet reageert, plaats dan het blok in een extra blok Groep.

8. **Footer > paragraaf** links uitlijnen.

9. Maak daarna een navigatie menu aan en klik op **Opslaan**.

In deze fase is het mogelijk om het thema vanuit de Editor, maar ook onder de motorkap uit te breiden.

Thema overschrijven

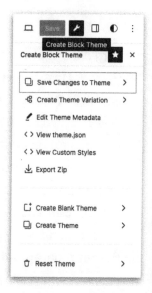

1. Maak een aantal **templates** b.v. **single.html** en **page.html**. Zie hoofdstuk *Blok thema uit-breiden*. Je kunt hiervoor **index.html** **dupliceren**, **hernoemen** en **aanpassen**.

2. Ga naar **Dashboard > Editor > Templates**. Open een nieuwe pagina en ga naar **Create Block Theme** (rechtsboven) **> Save changes to theme > Save Changes**.

Gebruikers-aanpassingen zijn hiermee gewist!

Het is niet meer mogelijk om thema veranderingen te resetten, zie **Editor > Templates > Alle templates**.

Vanaf deze fase kun je het thema aanpassen en uitbreiden met o.a. templates en parts.

Het is ook mogelijk om het thema onder de motorkap uit te breiden.
Je kunt bijvoorbeeld het Toggle Navigatie menu aanpassen, zie hoofdstuk Responsive menu. Ben je klaar, maak dan gebruik van de volgende optie.

Stijl variatie maken

1. Ga naar **Dashboard > Weergave > Editor > Stijlen.**
2. Bij **Stijlen > Kleuren** pas de **achtergrond-, link-** en **tekst-kleur** aan.
3. Klik op de knop **Opslaan.**

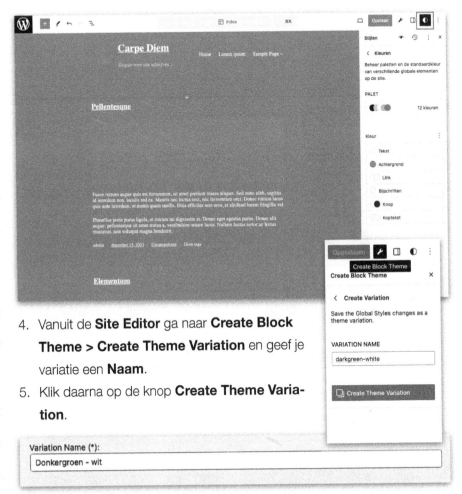

4. Vanuit de **Site Editor** ga naar **Create Block Theme > Create Theme Variation** en geef je variatie een **Naam**.
5. Klik daarna op de knop **Create Theme Variation**.

Een bevestiging wordt vertoond waarin wordt aangegeven dat een variatie is opgenomen in de folder: */Users/naam/Local Sites/naam_site/app/public/wp-content/themes/blank/styles/darkgreen-white.json*.

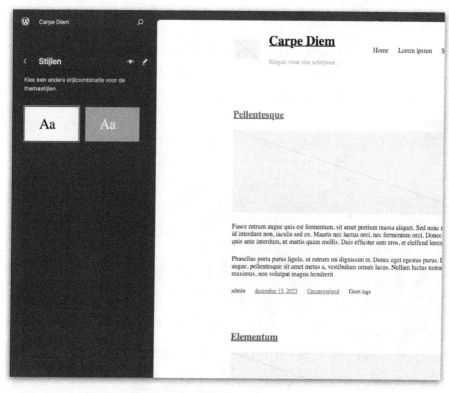

Herhaal het proces om een nieuwe variatie toe te voegen.

In dit voorbeeld is de achtergrond-, link- en tekst-kleur aangepast.
Voor meer variatie-effect is het aan te bevelen om ook de typografie aan te passen.

Wanneer je klaar bent met het maken van variaties, dan is het aan te bevelen om het thema weer te **overschrijven**. Het is mogelijk dat er ondertussen gebruikers veranderingen (aanpassingen vanuit de editor) zijn toegepast.

Exporteer thema

Als je helemaal klaar bent met het thema, kun je dit exporteren. Het eindresultaat kun je bijvoorbeeld toesturen naar de thema bibliotheek van WordPress.

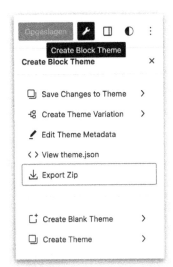

1. Vanuit de **Site Editor** ga naar **Create Block Theme > Export Zip**.
2. Het thema is daarna te vinden in de folder **Downloads**.

Zoals je hebt kunnen zien, is de plugin **Create Block Theme** een perfecte tool om te starten met het ontwikkelen van een blok thema.

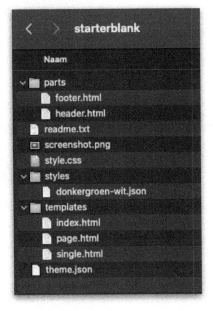

Het starter thema bevat alleen de noodzakelijke template bestanden. Hierdoor is er meer overzicht en is het niet nodig om de hele structuur te doorgronden.

Je mag het ook combineren met een theme.json bestand afkomstig van de generator Themegen.

SITE EDITOR PLUGINS

De site-editor is een vast onderdeel van het systeem. Het is gebruiksvriendelijk, genereert efficiënte HTML-code en laadt daardoor snel in een browser. Inmiddels zijn er een aantal site-editor plugins beschikbaar die de editor uitbreiden met extra blokken en opties.

Daarnaast zijn er ook thema builder plugins beschikbaar, zoals Beaver Builder, Bakery of Elementor. In tegenstelling tot editor plugins nemen ze na activering de hele site-editor over. Vanuit een eigen interface wordt het mogelijk om een thema te maken. Het nadeel is dat deze vaak niet compatibel zijn met diverse WordPress-versies, thema's en plugins.

De gratis versie is beperkt en het kost tijd voordat je ermee kunt werken. Een Pro versie is prijzig, namelijk tussen de $45 en $250 per jaar. Bij beëindiging van een licentie zijn updates niet meer beschikbaar. Daarnaast genereert het onnodig veel HTML-code, waardoor de laadtijd langer is dan bij de standaard editor.

De onderstaande grafiek toont de laadsnelheid van WordPress sites gemaakt met de blok-editor (Gutenberg) en diverse thema builders.

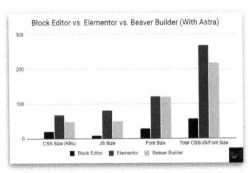

Speed test 2024, bron: onlinemediamasters.com (sneller is beter).

Zoals je kunt zien is de laadtijd sneller wanneer een site is gemaakt met de Blok Editor. Als je een aantal opties mist in de editor, kun je deze aanvullen met plugins.

Hiermee kun je een thema eenvoudig voorzien van onder andere Google Fonts, een sticky header, animatie of andere eigenschappen. In sommige gevallen kun je zelfs de zichtbaarheid van blokken aan- of uitzetten, afhankelijk van de schermgrootte. Een groot aantal editor plugins zijn beschikbaar voor zowel de site-editor als de pagina-editor.

In dit hoofdstuk laat ik een aantal plugins zien die je kunnen helpen met het maken van een blok thema:

- Options for Block Themes
- Ghost Kit
- Otter Page Builder
- Twentig
- Editor Beautifier

Nadat een plugin is geactiveerd, is het mogelijk dat er extra menu-items in het dashboard worden weergegeven en dat er extra thema blokken en opties beschikbaar zijn.

Let op, het kan voorkomen dat een optie niet werkt bij een bepaald blok. Probeer in dat geval een ander blok. Neem de tijd en bekijk wat er allemaal mogelijk is.

Options for Block Themes

Options for Block Themes

Import / Export tempaltes and template parts and add locally hosted Google Fonts to Full Site Editing / Block Themes without a child theme!

Door Webd Ltd

Nu installeren

Meer details

Nadat de plugin *Options for Block Themes* is geactiveerd, is **Theme Options** in het dashboard opgenomen. Met **Manage Template** is het mogelijk om **templates** en **parts** te beheren. Met de tab **Theme options** kun je o.a. **Google fonts** toevoegen, een **Sticky header** en **Animatie Logo** activeren.

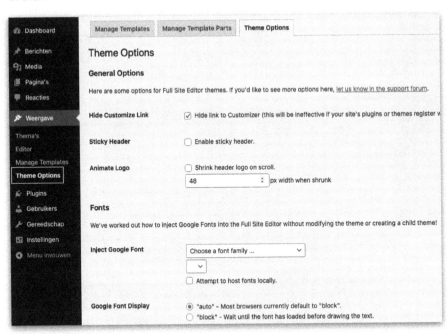

Nadat een font is geselecteerd moet dit nog wel vanuit de **Editor** worden aangegeven. Dit kan door de **Algemene stijl** aan te passen.

Ghost Kit

Ghost Kit – Page Builder Blocks & Extensions

Ghost Kit is the powerful page building experience for WordPress.

Door Ghost Kit Team

Nu installeren

Meer details

Dit is een zeer veelzijdige plugin. Na activatie is in het dashboard **Ghostkit**, opgenomen. In de site editor vindt je extra **blokken** zoals een **shape divider, animatie typografie** en **opties.**

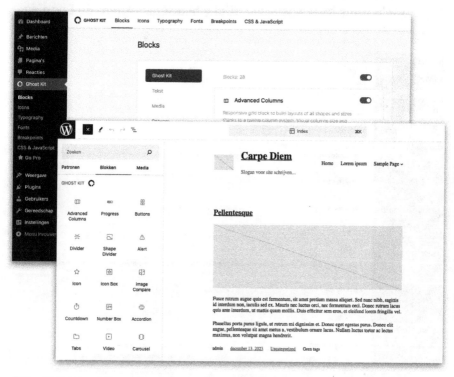

Ghostkit is een freemium plugin. Om gebruik te maken van alle opties is een licentie nodig.

Otter Page Builder Blocks

Otter Blocks – Gutenberg Blocks, Page Builder for Gutenberg Editor & FSE

Otter offers dynamic Gutenberg blocks for the WordPress block editor. Craft beautiful posts & pages using post blocks, post grids & WordPress ...

Door Themeisle

Nu installeren

Meer details

Na activatie van de plugin vind je extra blokken zoals o.a. **Animatie, Custom CSS** en **opties** zoals **Visibility Conditions**.

Onder **Dashboard > Otter Blocks** zijn instellingen te vinden.

Twentig

Met deze plugin krijg je geen extra blokken, wel extra blok opties. Het is o.a. mogelijk om **Google fonts** te gebruiken. Onder **Dashboard > Twentig** zijn deze instellingen te vinden.

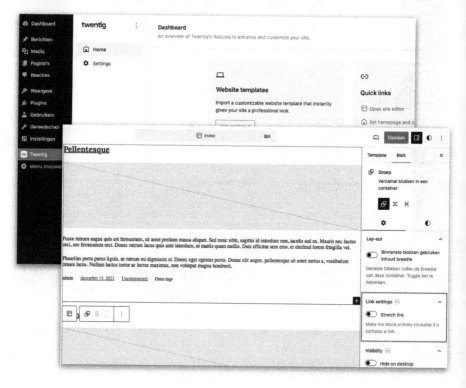

Editor Beautifier

Met deze plugin wordt de structuur van een template weergegeven zonder gebruik te maken van **Lijstweergave** of het **kruimelpad**.

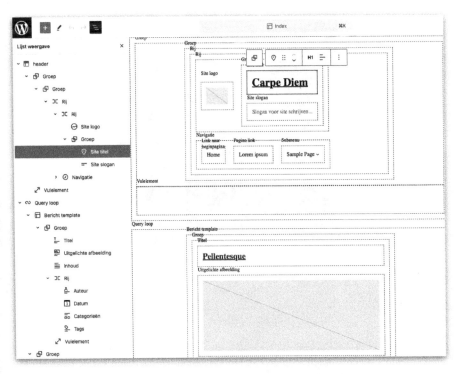

Hiermee kun je direct vanuit het scherm het juiste blok selecteren.

PLUGIN PRAKTISCH TOEPASSEN

Activeer het thema **Starter Blank** gemaakt met behulp van de plugin **Create Block Theme**. Zie hoofdstuk *Blok Thema Plugin*. Je kunt het thema ook downloaden. Na het wijzigen van het thema ga je een plugin installeren en activeren.

> **wp-books.com/block-theme**
> **blz. 210 - starterblank**

Plugin: **Ghostkit** voor fonts, shape divider en display opties.

Tip: Weet wat je gaat maken. Om een thema beter te kunnen beoordelen is het handig om alvast een paar pagina's en berichten op te nemen in een navigatie menu. De site is voorzien van een logo. De pagina's en berichten zijn voorzien van een uitgelichte afbeelding.

Thema met achtergrond afbeelding

Het is mogelijk om een blok thema te voorzien van een achtergrond afbeelding. Hiervoor kun je het blok **Omslagafbeelding** gebruiken. Het is zelfs mogelijk om een complete layout hierin te plaatsen.

Ga naar **Dashboard > Weergave > Editor**.

1. Plaats het blok **Omslagafbeelding** bovenaan in de template **Index**.
2. **Selecteer** een **afbeelding** uit de mediabibliotheek.
3. Sleep **header**, **Query loop** en **footer** in het blok **Omslagafbeelding**.
4. Vanuit **Toolbar Omslagafbeelding** - selecteer **Volledige hoogte**.

5. Het blok **Paragraaf** van omslagafbeelding **verwijderen**.
6. Het blok **Inhoud** vervangen door het blok **Samenvatting**.
7. Vanuit **Toolbar Bericht template** - selecteer **Rasterweergave**,
   Instellingen > Lay-out: kolommen - 3.

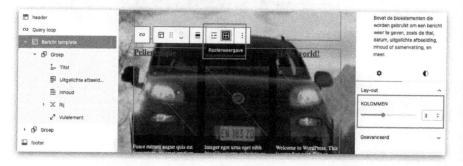

Plaats het blok **Query loop** in een nieuw blok **Groep**.

Daarna vanuit **Toolbar Groep** - selecteer **Volledige breedte**.

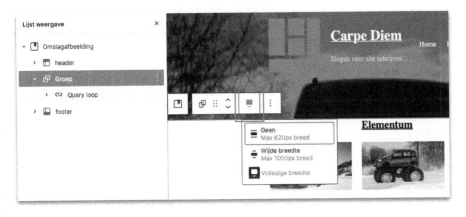

Instellingen blok **Omslagafbeelding - Stijlen:**

Overlay Opaciteit - **0**.

Padding links en rechts - **0**.

Instellingen blok **Groep**

- **Stijlen:**

Kleur: Tekst - zwart.

Achtergrond - wit.

Instellingen **Header** en

Footer:

Kleur Tekst - wit.

Ga daarna naar **Algemene Stijlen** (halve maan icoon) en neem de instellingen over.
Inhoud 840 px - **Breedte** 1000 px.

Klik op de knop **Opslaan** en bekijk de site.

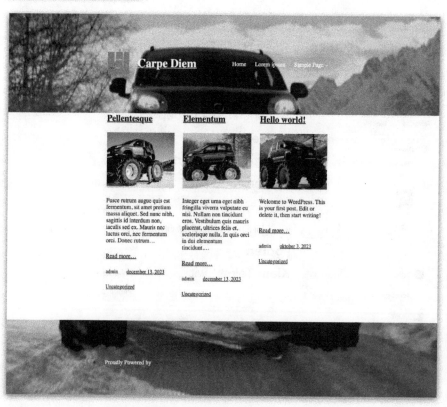

Ghostkit

Nadat de plugin is geïnstalleerd en geactiveerd zijn er extra editor blokken en blok-opties aan het systeem toegevoegd.

Ga naar de site-editor en selecteer het blok **Header**. Ga daarna naar de blok-inserter ▉ en selecteer het blok **Shape Divider**.

Nadat het blok is ingevoegd kies je bij **blok instellingen** voor de **Style - Tilts**.

Bij **Color** - wit.

Bij **Stijlen: Spacings - Margin** - **0 !** (Top en Bottom, met uitroepteken **!**).

Herhaal het proces voor een extra shape divider boven het blok **Footer**.

Klik op de knop **Opslaan** en bekijk de site.

Nu nog een Google font toepassen.

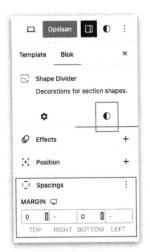

Ga naar **Dashboard > Ghost Kit > Typography**.

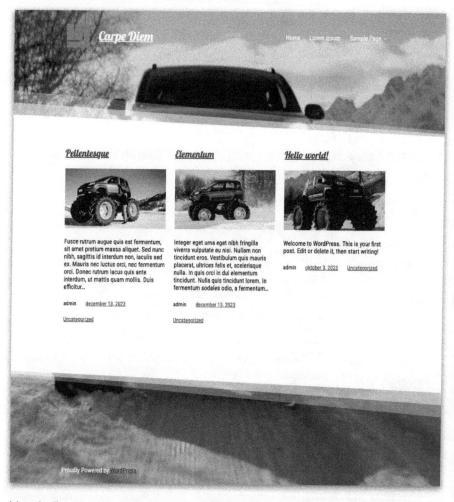

Vanuit dit scherm selecteer je Google fonts voor de **Body** (gehele site) **Buttons** en **Kopteksten**. Met de knop **Show Advanced** kun je per koptekst het lettertype instellen. Opslaan is niet nodig. Bekijk de website.

Daarna zijn er een aantal kleine aanpassingen uitgevoerd. Zoals je kunt zien is het blok **Vulelement** zoals in de header verwijderd. De **footer** padding

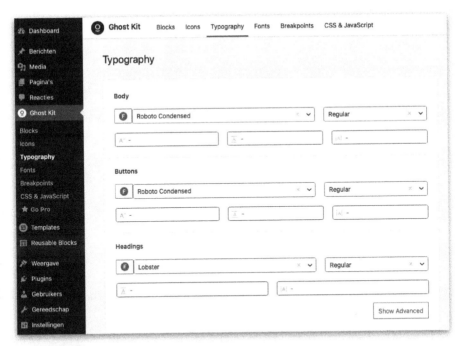

en **Site-slogan** margin is aangepast. De **fontgrootte** van het **navigatie-menu** en **koptekst** is groter. Met *Ghostkit* kun je ook nog gebruik maken van extra blokopties.

Vergeet niet de overige templates aan te passen.
Met behulp van de editor en een extra plugin is het mogelijk om zonder technische kennis een thema te maken. Het thema kun je ook downloaden.

Installeer het thema vanuit WordPress. Activeer de bijbehorende plugin. En geef het blok Omslagafbeelding een achtergrondafbeelding.

wp-books.com/block-theme
blz. 216 - starterblank

Een stukje advies: vul de site-editor niet overmatig met plugins. In de praktijk heb je slechts een beperkt aantal extra blokken en opties nodig. Het aanbod van editor plugins is nog beperkt en deze zijn doorgaans ontworpen voor de pagina-editor. Na de introductie van de site-editor hebben de ontwikkelaars enkele van deze functies beschikbaar gesteld voor Full Site Editing.

Om bij te blijven, bieden bekende thema builders tegenwoordig editor plugins aan. Deze worden geïntegreerd in de site-editor met behulp van de Gutenberg-gebruikersinterface. Een aparte gebruikersinterface is niet langer nodig.

Met de combinatie van de site-editor en third-party editor-blokken ontstaat er een consistente interface voor het creëren van thema layouts. Het beste van beide werelden.

Let op! Ben je klaar met het ontwikkelen van een thema en ga je dit exporteren, dan is de bijbehorende plugin(s) hiervan een onderdeel.

In het volgende hoofdstuk laat ik zien hoe je dit kunt realiseren.

THEMA MET PLUGINS

Als je een blok thema wilt maken met verplichte en/of aanbevolen plugins, dan is het handig om gebruik te maken van een PHP-script in je thema.

Hiermee kan een gebruiker, na het activeren van het thema snel en eenvoudig de benodigde plugins installeren en activeren.

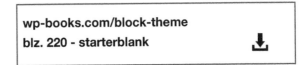

wp-books.com/block-theme

blz. 220 - starterblank

Een handige methode die hierbij kan helpen, is **TGM Plugin Activation**.

Ga naar: **tgmpluginactivation.com**. Op de volgende pagina vind je instructies om het thema te voorzien van TGM Plugin Activation.

Dit programma zorgt voor de installatie, updates en activatie van één of meer verplichte of aanbevolen plugins. Het ondersteunt zowel embedded plugins als plugins van wordpress.org en andere aanbieders.

1. Klik op menu-item **Download**.
2. Vul de thema gegevens in. Geef aan waar je deze code wil toepassen: **Theme**. En hoe je dit wil verspreiden: **WordPress.org**.

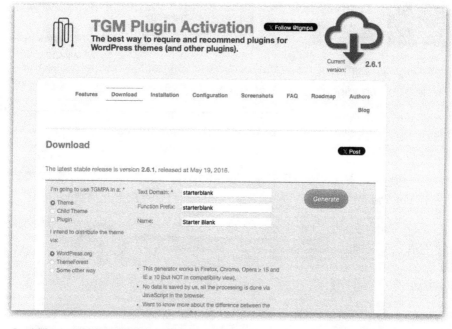

3. Klik daarna op de knop **Generate**.

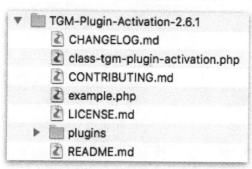

Een zip bestand **tgm-plugin-activation.zip** is te vinden in de folder **Downloads**.

4. Pak het zip bestand uit.

Daarna doe je het volgende:

1. Plaats een kopie van het thema **Starter Blank** op je bureaublad.

2. Plaats **class-tgm-plugin-activation.php** in de root van het thema.

3. **Open** het bestand en verwijder regel 3587 t/m 3616.

   Dit deel is nodig voor een klassiek thema.

```
3586          */
3587          public function add_strings() {
3588            if ( 'update' === $this->options['install_type'] ) {
3589              parent::add_strings();
3590              /* translators: 1: plugin name, 2: action number 3: total number of actions. */
3591              $this->upgrader->strings['skin_before_update_header'] = __( 'Updating Plugin %1$
3592            } else {
3593              /* translators: 1: plugin name, 2: error message. */
3594              $this->upgrader->strings['skin_update_failed_error'] = __( 'An error occurred wh
3595              /* translators: 1: plugin name. */
3596              $this->upgrader->strings['skin_update_failed'] = __( 'The installation of %1$s f
3597
3598              if ( $this->tgmpa->is_automatic ) {
3599                // Automatic activation strings.
3600                $this->upgrader->strings['skin_upgrade_start'] = __( 'The installation and act
                   patient.', 'tgmpa' );
3601                /* translators: 1: plugin name. */
3602                $this->upgrader->strings['skin_update_successful'] = __( '%1$s installed and a
                   onclick="%2$s"><span>' . esc_html__( 'Show Details', 'tgmpa' ) . '</span><span
3603                $this->upgrader->strings['skin_upgrade_end'] = __( 'All installations an
3604                /* translators: 1: plugin name, 2: action number 3: total number of actions. *
3605                $this->upgrader->strings['skin_before_update_header'] = __( 'Installing and Ac
3606              } else {
3607                // Default installation strings.
3608                $this->upgrader->strings['skin_upgrade_start'] = __( 'The installation process
                   );
3609                /* translators: 1: plugin name. */
3610                $this->upgrader->strings['skin_update_successful'] = esc_html__( '%1$s install
                   . esc_html__( 'Show Details', 'tgmpa' ) . '</span><span class="hidden"> . esc
3611                $this->upgrader->strings['skin_upgrade_end']      = __( 'All installations ha
3612                /* translators: 1: plugin name, 2: action number 3: total number of actions. *
3613                $this->upgrader->strings['skin_before_update_header'] = __( 'Installing Plugin
3614              }
3615            }
3616          }
3617
```

4. Plaats **example.php** in de root van het thema en verander de naam naar **starterblank_plugins.php**.

5. **Open** het bestand en pas het pad aan, regel 34 :

```
 * Plugin:
 * require_once dirname( __FILE__ ) . '/path/to/class-tgm-plugin-activation.php';
 */
require_once get_template_directory() . '/class-tgm-plugin-activation.php';
```

6. Verwijder daarna regel 62 t/m 91.

```
61
62    // This is an example of how to include a plugin bundled with a theme.
63    array(
64        'name'              => 'TGM Example Plugin', // The plugin name.
65        'slug'              => 'tgm-example-plugin', // The plugin slug (typically the folder name).
66        'source'            => get_template_directory() . '/lib/plugins/tgm-example-plugin.zip', // The plugin source
67        'required'          => true, // If false, the plugin is only 'recommended' instead of required.
68        'version'           => '', // E.g. 1.0.0. If set, the active plugin must be this version or higher. If the pl
      •             will be notified to update the plugin.
69        'force_activation'   => false, // If true, plugin is activated upon theme activation and cannot be deactivated
70        'force_deactivation' => false, // If true, plugin is deactivated upon theme switch, useful for theme-specific
71        'external_url'      => '', // If set, overrides default API URL and points to an external URL.
72        'is_callable'       => '', // If set, this callable will be be checked for availability to determine if a plu
73    ),
74
75    // This is an example of how to include a plugin from an arbitrary external source in your theme.
76    array(
77        'name'         => 'TGM New Media Plugin', // The plugin name.
78        'slug'         => 'tgm-new-media-plugin', // The plugin slug (typically the folder name).
79        'source'       => 'https://s3.amazonaws.com/tgm/tgm-new-media-plugin.zip', // The plugin source.
80        'required'     => true, // If false, the plugin is only 'recommended' instead of required.
81        'external_url' => 'https://github.com/thomasgriffin/New-Media-Image-Uploader', // If set, overrides default A
82    ),
83
84    // This is an example of how to include a plugin from a GitHub repository in your theme.
85    // This presumes that the plugin code is based in the root of the GitHub repository
86    // and not in a subdirectory ('/src') of the repository.
87    array(
88        'name'    => 'Adminbar Link Comments to Pending',
89        'slug'    => 'adminbar-link-comments-to-pending',
90        'source'  => 'https://github.com/jrfnl/WP-adminbar-comments-to-pending/archive/master.zip',
91    ),
92
```

7. Daaronder vind je commentaar: `// This is … Plugin Repository`
Hierin kun je aangeven welke plugins worden gebruikt.

```
// This is an example of how to include a plugin from the WordPress Plugin Re
array(
    'name'     => 'BuddyPress',
    'slug'     => 'buddypress',
    'required' => false,
),

// This is an example of the use of 'is_callable' functionality. A user could
// have WPSEO installed *or* WPSEO Premium. The slug would in that last case
// 'wordpress-seo-premium'.
// By setting 'is_callable' to either a function from that plugin or a class
// `array( 'class', 'method' )` similar to how you hook in to actions and fil
// recognize the plugin as being installed.
array(
    'name'        => 'WordPress SEO by Yoast',
    'slug'        => 'wordpress-seo',
    'is_callable' => 'wpseo_init',
),
```

In het bestand wordt gebruik gemaakt van twee plugins, *BuddyPress* en *SEO Yoast*. Deze zijn opgenomen in de bibliotheek van WordPress.org.

8. Vervang deze voor **Hello Dolly** en **Ghostkit**, zie afbeelding.

```
// This is an example of how to include a plugin from the WordPress Plugin Reposito
array(
    'name'     => 'Hello Dolly',
    'slug'     => 'hello-dolly',
    'required' => true,
),
// This is an example of how to include a plugin from the WordPress Plugin Reposito
array(
    'name'     => 'Ghostkit',
    'slug'     => 'ghostkit',
    'required' => true,
),
```

`'required => true'` - plugin is verplicht.

`'required => false'` - plugin is aanbevolen.

9. Bij `* Array of configuration settings…` vind je een aantal instellingen. Neem de onderstaande instellingen over.

```
/*
 * Array of configuration settings. Amend each line as needed.
 *
 * TGMPA will start providing localized text strings soon. If you already have translations of our standard
 * strings available, please help us make TGMPA even better by giving us access to these translations or by
 * sending in a pull-request with .po file(s) with the translations.
 *
 * Only uncomment the strings in the config array if you want to customize the strings.
 */
$config = array(
    'id'            => 'starterblank',          // Unique ID for hashing notices for multiple instances of TGMPA.
    'default_path'  => '',                      // Default absolute path to bundled plugins.
    'menu'          => 'tgmpa-install-plugins', // Menu slug.
    'parent_slug'   => 'themes.php',            // Parent menu slug.
    'capability'    => 'edit_theme_options',    // Capability needed to view plugin install page, should be a capability a
    'has_notices'   => true,                    // Show admin notices or not.
    'dismissable'   => false,                   // If false, a user cannot dismiss the nag message.
    'dismiss_msg'   => 'Om het theme te gebruiken zijn de onderstaande plugins verplicht.',    // If 'dismissable' is fal
    'is_automatic'  => true,                    // Automatically activate plugins after installation or not.
    'message'       => 'Selecteer alle plugins. Kies voor Bulkacties > Install, klik daarna op de knop toepassen<br /> ',
```

10. Daarna het bestand **Opslaan**.

11. Open **functions.php** en plaats de onderstaande code:

```
/**
 * tgm-plugin-activation
 */
require get_template_directory() . '/starterblank_plugins.php';
```

12. Bestand **Opslaan**.

Om te zien of het werkt ga je het **thema installeren** in een nieuwe **WordPress installatie**.

Nadat het thema is geïnstalleerd ga je naar **Dashboard > Weergave > Thema's** en **Activeer** het thema, Starter Blank.

Zoals wordt aangegeven heeft het thema twee verplichte plugins.

Klik op **Begin installing plugins**. **Selecteer** alle plugins.

Kies voor de optie **Install**. Klik daarna op de knop **Toepassen**.

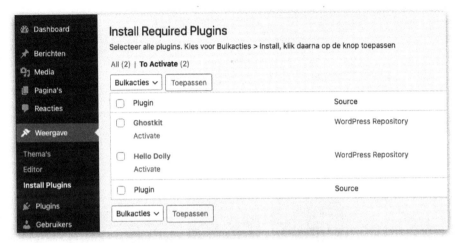

De plugins worden geïnstalleerd en geüpdatet, daarna wordt een bevestiging vertoond.

Bekijk de site.

DE TOEKOMST VAN BLOK THEMA'S

Met de Gutenberg **pagina editor** werd het mogelijk om pagina's en berichten eenvoudig van een layout te voorzien.

Met de komst van de **site editor** is het mogelijk om op dezelfde manier een thema aan te passen. Althans, dat was de bedoeling... Inmiddels is de site-editor uitgegroeid tot een **site builder**.

Voor het maken van een WordPress blokthema is geen programmeer-kennis nodig. Standaardfuncties zijn opgenomen in het systeem, zoals een responsive menu en layout-blokken. Met editor-plugins kun je extra functionaliteit aan een thema toevoegen.

Het maken van een klassiek thema is niet eenvoudig. Hiervoor is veel programmeerkennis vereist. Alle functionaliteit wordt in een thema opge-nomen, wat resulteert in een groot aantal bestanden en een grotere kans op fouten.

Dankzij de nieuwe blok methode verloopt dit proces sneller. De focus ligt meer op het visuele aspect en de gebruiksvriendelijkheid van een thema. Een perfecte tool voor webdesigners, waardoor ze minder afhankelijk zijn van webdevelopers.

De komst van de site-editor is een Game Changer.

Als je geen programmeer-kennis hebt, verdiep je dan in opmaak-talen zoals HTML en CSS. Gebruik editor-plugins alleen als je ze echt nodig hebt.

Kijk ook eens naar andere blok thema's. Hierdoor vergroot je je kennis en inzicht.

Met extra programmeer-kennis ben je niet afhankelijk van de site-editor en plugins. Onder de motorkap kun je snel aanpassingen en toevoegingen doen. Dit soort thema's zijn over het algemeen veilig, efficiënt, licht en snel.

Zoals je hebt kunnen zien, is de site-editor een grote stap vooruit. Het geeft een andere kijk op het maken van WordPress-websites.

Het advies dat ik je kan geven is: weet wat je gaat maken, maak eerst een schets van de layout en bepaal welke functies je wilt toepassen. Maak gebruik van de lijstweergave en de kruimelpad-navigatie om de juiste blokken te selecteren. Er zijn voldoende opties om alle blokken van een stijl te voorzien.

Wat kunnen we nog verwachten? Verbetering en uitbreiding van de editor, meer patronen, blokken, opties, plugins en **meer blok thema's**.

The future looks bright.
Ik wens je veel plezier met het maken van WordPress blok thema's !

INFORMATIE

Wil je meer weten over de ontwikkeling van blok thema's dan zijn er een aantal websites en blogs die je in gaten kunt houden.

WordPress

wordpress.org/news

developer.wordpress.org/themes

Gutenberg blok, plugins en thema's referentie

wp-a2z.org

github.com/WordPress

Template builder

gutenberghub.com/introducing-gutenberg-template-builder

themegen.app

them.es/starter-fse

Blog Full Site Editing

fullsiteediting.com

themeshaper.com

gutenberghub.com

gutenbergtimes.com

OVER DE SCHRIJVER

Roy Sahupala, multimedia-specialist

"Multimedia-specialist is maar een titel. Naast het maken van multimedia-producten geef ik al meer dan 26 jaar webdesign-training en blijf ik het leuk vinden als mensen enthousiast worden doordat ze in een korte tijd veel meer kunnen dan ze vooraf voor mogelijk hielden."

Na zijn opleiding industriële vormgeving is Roy Sahupala opgeleid als multimedia specialist. Daarna is hij werkzaam geweest bij verschillende multimedia bureaus. Sinds 2000 is hij gestart met zijn bedrijf WJAC, With Jazz and Conversations. WJAC levert multimediaproducten voor uiteenlopende klanten en reclamebureaus.

Vanaf 2001 is Roy naast zijn werkzaamheden voor WJAC ook actief als trainer en heeft hij in samenwerking met verschillende internet opleidingen diverse webdesign trainingen opgezet.

WordPress boeken geschreven door Roy Sahupala:

boekenbestellen.nl/auteurs/roy-sahupala